INK INK INK INK INK INK
K INK INK INK INK INK IN
INK INK INK INK INK INK
K INK INK INK INK INK IN
INK INK INK INK INK INK
K INK INK INK INK INK IN
INK INK INK INK INK INK
K INK INK INK INK INK IN
INK INK INK INK INK INK
K INK INK INK INK INK IN
INK INK INK INK INK INK
K INK INK INK INK INK IN
INK INK INK INK INK INK
K INK INK INK INK INK IN
INK INK INK INK INK INK
K INK INK INK INK INK IN
INK INK INK INK INK INK
K INK INK INK INK INK IN
INK INK INK INK INK INK
K INK INK INK INK INK IN
INK INK INK INK INK INK
K INK INK INK INK INK IN
INK INK INK INK INK INK
K INK INK INK INK INK IN

INK

困境台灣

我們還能怎麼辦？

楊照作品集⑧

目錄

〔自序〕

我們還能怎麼辦？

那是在桃園龍潭，老友張大春的舊家，閒談中，大春突發感慨：「唉！看來是沒有機會做思想家了。」

我從來沒想到會自大春口中聽見這樣的話，因爲認識這麼多年，我從來不曉得、從來不曾感受到，他原來立過志願要做個思想家。不同的人，對他有不同的印象、不同的描述，不過我想大概也沒幾個人會自然地用「思想家」的角色、身分來聯想大春啊！

他那句話讓我留下深刻印象，還有一個理由：年少時，我也曾暗暗嚮往做個思想家，年歲漸長，也曾暗暗對於生命意趣與思想家越離越遠，而無奈感慨。

年少時，「思想家」是遙遠而崇高的夢想。喜愛文學，我可以立刻下筆寫文學作品。受歷史與史學吸引，我可以馬上著手自己的歷史題目研究。思想、思想家卻不然。不只需要長期的準備，而且還要找到迂迴的實踐道路，思想必須透過某種媒介來演繹來表達，你不能就是「做思想」或「寫思想」。於是不管寫的是小說或哲學或思想史研究，終究指向建立一套思想，指向成就一個思想家。

原本老友在這點心情上，和我類近。再進一步觀察，我發現，對思想、思想家角色的認眞在意，似乎是我們這一代愛讀書的人，共同有過的症狀。思考、思想、認眞看待用力思考來完成某種人類貢獻，似乎是我們一代人的人文讀書身分證明。

然而「思想」、「思想家」到底是什麼？我的理解是：創造、發明一些理解、描述世界的語言和概念，讓人家能夠從世界現象裡，看到、感受到原本看不到、感受不到，甚至是原本不存在的東西。這是思想家的工作。

思想家並沒有眞正給這個世界增添什麼。這是他和藝術家不同的地方。他眞正的目的，是創造新的看事情、解釋事情的方式，透過他創造發明的思想，於是別人看到、感受到的世界，變得異常豐富。

少年時代，我們都對神奇的「思想可能性」充滿好奇、躍躍欲試。然而爲什麼一、二十年過去，周遭這麼多曾經抱持同樣熱情、同樣理想的朋友，卻從「思想」的領域中、「思想家候選人」的陣線上，一一退卻？

最重要的理由，應該在：這個社會對如何看到、感受到更豐富的世界，失去了興趣。在封閉、貧乏的年代，沒那麼多五光十色的現象，所以必須去探索有限現象背後更多的意義靈光；然而今天卻是：過多過飽足的現象，讓人沒有餘裕、更沒有胃口去深究現象之間的關係以及現象背後的意義。

現象以其快速炫目的變化，壓在空洞的意義上，進而讓人忘卻了意義層次的存在，以爲現象，現象所佔據的時空，就是一切。現象的浮動變化，製造了一種迫切感的假想：啊，那麼多那麼亂的變化不時發生，接收捕捉都來不及了，哪有時間想別的？

虛假的迫切感，循環地搞出了更多五花八門、方生方死方死方生的變化，現象與變化佔據了我們所有感官，於是一項事實就在我們眼前消逝了——那就是這些現象其實一直在重複反覆出現，了無新意，更沒有眞正替這個世界增加什麼新的經驗。

越是投身在如此現象變化追逐中，我們的經驗能力越薄弱、越匱乏。眞正的困頓、疲乏，其實是「無聊」所造成的。被太多太多老是同樣的東西搞得無聊不堪，再也燃不起熱情活力來，當然覺得疲憊不堪。

然而，面對這些「無聊」而來的疲憊，流行的藥方竟然是「放空」、

「慢」。我們已經太無聊了，卻還要我們乾脆去發呆，這算哪門子答案？

無聊，只能用豐富來對話。豐富，就只能從找到不同的、新鮮的，看待世界的角度去培養。迫切的時代裡，反而正是被視爲沒有迫切需求的「思想」，找出世界新關連新意義的工作，才能將人自無聊倦懶中拉拔出來。

錯亂錯置的迫切感。最迫切需要思想的無聊深淵中，人們卻主張生活太迫切了，所以沒辦法等待思想。越沒有思想，當然就越找不出自無聊深淵中爬出的途徑了。

我們迫切需要思想，而且需要一種「迫切的思想」。可以說服陷在錯置錯亂狀況下的人，讓他們知道：思想並不緩慢、思想並不迂遠，那樣的思想。

法國大革命以降，社會劇烈翻掀的革命情境，向來都是孕育、傳播「迫切思想」的大好環境。法國革命、中國革命、俄國共產革命，在行動登場之前，幾乎都先有一段「小冊子」瘋狂活躍的時期。

「小冊子」不是由書冊大小厚薄決定的，「小冊子」是一種思想文類的名稱。在激動的困境條件下，人們迫切需要思想來解釋存在上的戲劇性變化，其思想要求，超過報紙雜誌所能提供，然而其迫切感又和書籍的穩定沉著格格不入，於是而有了「小冊子」。

「小冊子」提供困境徬徨中的人們，迫切的思想。「小冊子」給的不是答案，而是提示。「小冊子」講究的，不是完善邏輯不是美麗辭藻，而是精彩突出的思想煽動。引誘煽動人家用全新不同的眼光看待周遭正在發生進行中的存在搖晃。

最需要「迫切思想」的台灣，存在意義劇烈搖晃的二〇〇六年，我們卻看不到類似「小冊子」的論述風潮。這毋寧是件令人遺憾的事。

幾個月前，另一位老友，也對思想抱持高度認眞執著態度的陳傳興，用「小冊子」的精神與筆法，違背自己慣常的寫作步調，花十天工夫趕寫出《道德不能罷免》，難得提供了政治貪腐亂流中，一份「迫切的思想」。

閱讀陳傳興的書，強烈激發了我自己的「思想衝動」。一邊反芻處理日復一日湧現的新聞話題，一邊沉澱思索《道德不能罷免》書中試圖要尋找的「徹底性」（radicality），我寫下了一連串的問答記錄。既是自問自答，也是我向台灣社會叩問，當然更有面對不容逃避的社會提問，我莽撞的回答。

最根本的問題源自：一個追求民主、致力建構民主的政黨，爲何、如何朝威權化、自我中心化墮落？墮落的拉力，那誘惑是什麼？墮落的推力，那對民主的輕蔑不屑，又是哪裡來的呢？

我不想，也不能簡單地從政黨對抗、角力，勝負輸贏的角度，理解台灣政治。我不想、也不能從金錢權力陰謀共犯的假設，掌握那麼龐大的貪腐與反貪腐價值拉鋸。我不想、也不能從好人壞人的舞台判斷，處理這錯綜複雜力量對峙而成的僵局。

必須另尋理路。僵局是現實，但我們要有能力克服困難，找到新語言新概念來描述僵局，這樣我們的語言、概念才不至於被感染、硬化成爲僵局的一部分。而且換了不同描述，我們才來到離開僵局的起點，能夠問：「情況已經如此，我們還能怎麼辦？」

在這本篇幅不多的書中，我先試圖用「主體性陷阱」來溯源形容台灣政治現實的窘困；接著我必須理解民進黨，一個二十歲的政黨，如何在歷史條件捉弄下，跳過了青少年期，直接從童年進入成年期，使得藏在岸然的權力面貌後頭，那精神性的「惡童」行徑，無從安排。

接著，我從「虛無主義」和佛洛伊德精神分析概念，進一步檢視困境中的總統。一個沒有信仰沒有原則的人，如何一步步將自己逼進出不來的角落裡，並激怒了大部分的人，而在無從辯護自己行爲時，轉而以到處指責別人，做爲自我防衛機制。

總統與民進黨在困境中，國民黨也沒好到哪裡。民進黨的墮落，非但沒有製造國民黨提升的機會，反而像琥珀般將國民黨一併凝結進化石裡。國民黨盲目相信自己可以讓時鐘撥回二〇〇〇年前，因而落進了一種奇特恍惚的反歷史蟲洞空間裡。

那我們還能怎麼辦？我在三個方向，看到了黑洞、絞扭時空裡的一點光線。一是「七一五」行動，那群被嘲譏爲沒有行動力的「綠色學者」，其實他們代表了台灣曾有過「努力思考」（think hard）一代的結晶，不該被如此輕蔑帶過。還有「倒扁紅潮」中，浮現上來的女性參與，象徵一個完全不同於民進黨熟悉操弄的政治之外，權力意識的場域。這個場域的力量，正準備以其改造台灣其他空間——商場、餐廳、辦公室……等——的模式，衝動台灣政治。

當然，最值得期待的，畢竟是徹底回到原點，由民主起點上進行「基進思考」（radical thinking）的「人民主權」路線。這是一條最迫切卻又同時最迂遠、弔詭的「台灣之路」。這也是一條最普遍又最特殊、弔詭的「民主之路」。這還是一條既歷史又未來、弔詭的「命運之路」。

思索我們還能怎麼辦，就是思索藏在諸多矛盾中，似非而是的命運可能性。這不是一本完整嚴謹的書，而是以「小冊子」精神寫成的、「迫切且危險」（陳傳興語）的書。

1

「民主準備不足」帶來的困境

一、不願看懂起訴書的民進黨

二〇〇六年十一月三日下午，陳瑞仁檢察官偵結國務機要費案，正式提出起訴書，明確起訴了總統陳水扁，祇是因爲陳水扁的總統身分享有刑事豁免權，才轉而以夫人吳淑珍做爲起訴的主角。

此舉當然在政壇引發了大震撼。當天下午三點三十分高檢署記者會，五點鐘左右府院黨高層聯席開會，接著從七點起，民進黨開了一場長達四小時的臨時中執會，會後發表四點聲明做爲初步結論。

民進黨中執會的深夜聲明，有兩點令人驚訝。一點說檢察官的起訴書中沒有表示陳總統將國務機要費放進私人口袋裡；另一點則說檢察官在國務機要費上，和總統的「認知不同」。

怎麼會這樣？陳瑞仁起訴吳淑珍的罪名，明明白白就是「貪污」，就是「利用職務詐取錢財」，起訴書上還明列了一千四百萬的「貪污所得」，如果沒有進私人口袋，怎麼能稱之爲「貪污」呢？

陳瑞仁起訴書中也明明白白列舉，總統及第一家庭如何用國務機要費購買私人物品，從鑽戒到汽車雜誌，這些被用在私人消費上的錢，不折不扣就是進了私人口袋的錢。

還有，陳瑞仁在起訴書裡，再清楚不過地表示了他對國務機要費的「認知」。他將所有沒有單據的費用，全部認定等同於「特支費」，可以由總統自行支配，因爲沒有任何單據依憑，所以無從追究、也不必追究。檢察官從頭到尾追究的，祇有總統府用來提領、報銷部分機要費的兩千六百萬元發票。陳瑞仁「認知」，既然提出單據，那麼單據內容與金錢支出，當然必須符合一致。如果彼此不符合，那麼就牽涉僞造文書。再來，如果用發票領走的錢，不是用於公務，而是私人開銷，那麼就涉嫌貪污。

換句話說，第一，陳瑞仁完全沒有去挑戰總統府在陳師孟擔任秘書長時訂定的國務機要費性質分配，同意一半不需單據，一半需要單據報銷。第二，陳瑞仁的認知標準，一點都不模糊不夾纏，用不對的單據領錢，不管錢怎麼用，都是偽造文書；單據領走的錢根本沒有「公務」性質，那就是貪污。

民進黨中執會擬定、通過聲明時，到底有沒有看起訴書？更重要的，到底有沒有看懂起訴書？

起訴書不容易讀懂嗎？應該不是，而是民進黨喪失了讀懂起訴書的意願與能力。

使民進黨不願去讀懂起訴書，而選擇忽略起訴書眞正邏輯，寧可自說自話，其根源正藏在「認知不同」這四個字裡。

二、拒絕溝通的「認知不同」

這四個字反映了民進黨最大的問題，恐怕也是台灣社會普遍的最大問題。那就是大家越來越習慣於以「認知」的相對性，凌駕事實。也就是先入爲主地相信：沒有什麼客觀現實可供探究、確知，所有的事物，都會因不同主觀立場，而得到不同的「認知」。

「認知」當然有相對性，不過「認知相對性」在台灣卻已經被濫用到變成否定事實存在的虛無信條了。民進黨沒有耐心先弄明白陳瑞仁在起訴書裡到底抱持怎樣的法律立場，用什麼原則認定什麼，因爲起訴書的結論是他們不樂見的，對不樂見的說法，他們自然的反應便是祭出「認知不同」來做擋箭牌。

說「認知不同」，比說「不同意」，嚴重許多。「不同意」，基本上還是個溝通姿態，預設了我要說明陳述我不同意你的理由，「認知不同」卻是擺出反正我們主觀不一樣，所以你看到的，不會就是我看到的，如此拒斥姿態。

台灣這幾年來，用任何標準衡量，都是個「話語過剩」的社會。各種說法各種意見各種標語各種話頭，隨時滿天亂飛。然而再多的話語，無法創造一個有效溝通的環境。因爲在講話的人，很少去理清自己認知與概念（perceptual and conceptual）的來龍去脈，當然也就更難去了解別人認知與概念的來龍去脈，缺乏這種自覺的邏輯原則整理，不同意見很快就卡死在「認知不同」上，無法進一步討論了。

台灣掉入了一種「主觀陷阱」裡，或者借用前幾年曾經大流行過的語言說，台灣掉入了「主體性陷阱」裡。

三、只走了一半的「主體性」追求

「尋找台灣主體性」、「建立台灣主體性」，曾經是本土化運動中最重要、甚至最神聖的任務之一。

在從威權轉向民主的時空中，爲什麼特別要提「主體性」？因爲國民黨威權爲了維持其「法統」，製造了一團「大中國」的迷霧，籠罩在台灣上空。要台灣人認同一個虛幻的「中國性」，進而以虛幻的「中國性」粗暴的壓制了對台灣自身的觀察、凝視、理解。除了「中國」之外，受到美國文化霸權影響，另外有一些舶來的文化影像，黏貼在台灣人自我認知上，讓許多台灣人對西方、美國的嚮往，蓋過了對台灣自身社會的珍惜。

「主體性」運動在這樣的歷史條件中興起，很自然地走上一條負面定義的策略選擇。要建構台灣主體性，首先要去除假的「中國」與西洋東洋面具，也就是說先要大舉地拆穿非台灣的東西，否定過去台灣錯亂得來的身分印象。

不幸的是，「主體性」運動，後來就停留在這樣的負面否定否認中，鋪設成主觀相對虛無主義的陷阱。

主體性的尋求，大力批判大中國、批判西洋東洋，然而卻在認眞研究理解、進而重塑普遍性台灣形象台灣印象上，缺乏扎實的成就。

有一陣子，「台灣」、「台灣人」掙扎努力地逐步取代「中國」、「中國人」，成爲日常語言的規範，幾乎每個人都受到「以台灣取代中國」的風潮感染，過程中也改掉了許多從前以中國歷史、中國文化來附會、規定台灣應該是什麼的習慣。不過接下來，那到底台灣是什麼、台灣歷史是什麼、台灣文化是什麼，卻沒有受到同等的重視，也沒有吸納同樣多的資源與努力。

當初對主體性的誤解其實是導致後來台灣無法從自戀中走出來的原因。那個「主體性」很方便、很便宜，就好比說，你以前是男的，但一直以為自己是女生，只要你後來意識到自己不是女的，好像就建立主體性了。當時在談台灣主體性的時候也是這樣，我們以為去除了大中國主義，這個不要，那個也不要，然後說自己是新台灣人，以為這樣就是有主體性了。

所以基本上台灣都在否定一些虛幻的東西，然而台灣、台灣人自己與他者的關係，如新建立起來的「新台灣人」與現實中國的關係或與世界的關係，卻從來都沒有進入到主體性的思考裡面。主體性找來找去找了半天，祇確立一件事，那就是我們有權利、甚至有義務，拒斥別人對我們的描述。我們應該自己定義自己、自己描述自己、自己決定自己。

可是接下來，本來該從集體性出發，建構集體「台灣性」的運動，嚴重觸礁了。一來本土化運動的人，自身並沒有對台灣細膩認眞的掌握，他們想像勾畫的台灣，往往具有高度衝突性，成了原本中國幻象的鏡影。他們刻意否定台灣內在的中國成分，誇張凸顯與中國相異、甚至相反的部分，如此一來，「台灣」認同就帶了強烈的內部排他性，將許多人排除在規範性的「台灣」、「台灣人」之外。

這種說法激怒了被排除在外的人，進而與省籍情結共振發酵，助長了台灣在認同意識上的實質分裂。此一分裂，遠比大部分人想像的深刻、嚴重，因爲被分裂的，不祇是現實上誰是台灣人，誰愛或不愛台灣，更是未來對於「台灣新秩序」的想像空間。

四、缺乏開出「想像秩序」所需的語言和概念

國民黨當初在台灣的作爲，就像是爲台灣貼上一層薄的、假的影片，沒有意願去讓它深厚化。這層薄膜不是像後來談主體性的人想像的那樣，撕掉就沒

事了，其實它是一層語言與概念，這層薄膜在規範我們成爲什麼形狀，而且它是撕不掉的，除非我們能換到另一種語言和概念，否則我們會一直開不出「想像秩序」，因爲我們一開始就沒有足夠的語言和概念當成我們的工具。

在台灣追求主體性的那一段期間，台灣對語言和文字產生了巨大的不信任，認爲所有的語言和文字都是欺瞞的開始或結果，像張大春寫的《大說謊家》，或有人把西方的傅柯或德希達搬進來，其作用都在告訴人們：語言是假的，語言是不該被信任的。轉折期間，人們得到的訊息是，原先的那一套語言和概念太過狹隘限制，不適合用，可是卻沒有人能去開創、尋找另一套語言，像拉丁美洲的「解放神學」那樣，以信仰爲背景，爲人們形容了所有上帝和人類的關係，將生活世界中的所有東西都包含在裡面。

台灣當時只能建構一套「想像無秩序」，因爲那些建構秩序想像的重要工具都被拆解開來了，原本的語言與概念都是不能被相信的。到後來，既然語言都不可相信，人們只好去相信其他的東西，人們只能去相信實證層次裡面最庸俗、最容易掌握的東西，包括金錢、名牌，雖然這些東西會騙人，但至少是人們可以權宜使用的符號，也因此「想像秩序」就變得空洞了。

正如陳傳興在《道德不能罷免》裡指出的：台灣民主化過程中，嚴重缺乏「想像秩序」。拉丁美洲國家的民主化程度，大多不如台灣，可是拉美文化中，長期累積了豐富的「想像秩序」文本。透過文學、電影、藝術、神學、哲學，拉美國家的人不斷探索現實裡其實並不具備的秩序，提出種種應然主張，並在這些應然主張間不斷衝擊、調整。

現實上他們能擁有的或許祇是最落後最反動的軍事獨裁政權，然而透過「想像秩序」的溝通，拉美人民卻自有堅強的信念，分辨什麼是好什麼是壞，所以祇要現實有任何縫隙、獨裁統治有一點鬆動，他們就會在共同「想像秩序」力量動員下，快速蔚成力量龐大的群眾運動。

拉美的「想像秩序」甚至超越了對獨裁、威權的反抗，進而探入民主運作的搬演。是的，他們沒有眞正的民主可以做實驗，然而他們在腦中尋找原則與機制，提早爲民主準備。

《孟子》書中有一句話，以前高中背書時老是背錯。「七年之病，求三年之艾」，我總是背成「三年之病，求七年之艾」，因爲我直覺認爲，孟子的意思應該是：病了三年，等不到需要花七年來種植的艾草治病。後來理解了，孟子有更深沉的意思——他描述的是一種心情，已經生了七年病的人，聽到人家告訴他，治病還得再等三年，讓艾草成熟，那麼病人一定不願等，可是你現在不求不等，三年後，就還是不會有可以治病的艾草，病也就還是不會好。這很像台灣的狀況。

簡單的說，台灣對於需要時間去累積的東西，完全沒有信心。台灣人習慣理直氣壯地說，「已經病這麼久了，還要我等？不行！我馬上就要！」要有立即性的東西。需要一點耐心培養的東西，我們都不會等。可是幾十年威權要進入民主，需要準備，全無耐心的台灣，從來不肯花時間花力氣開始準備，而是不斷追求立即可以有的東西。

台灣快速民主化，二〇〇〇年戲劇性完成政黨輪替，沒有「爲民主做準備」，直接就進入民主運作。跟「想像秩序」相關的所有部門，歷史、哲學、文學、藝術，在台灣一概快速沒落，尤其喪失了與台灣未來直接聯絡的著力點，這些應該提供「想像秩序」的力量、管道，自身一一淪陷成爲台灣現實混亂中的環節，不祇不提供「秩序」，甚至還不斷強化「混亂」。

五、缺乏「想像秩序」直接導致「民主準備不足」

今天，我們就吃到這種「民主準備不足」的大苦頭了。儘管民主機制已經在台灣實施了好多年，可是民主體制卻遲遲沒有浮現。我們有民主，但沒有對於什麼是執政黨、什麼是反對黨的想像應然秩序；我們有民選總統，但沒有「想像秩序」提供的，一個民選總統與人民主權之間的關係圖象，也沒有一個民選總統可以做和不可以做的基本規範條理。

當然，更沒有想像秩序，事先幫我們預備回答這樣的問題：

「一個政黨，對其同黨的總統行爲，有任何責任？又有任何權利？」

「一個被認爲不適任的總統該如何下台？」

「民主準備」嚴重不夠的台灣，尤其是「民主準備」嚴重不夠的民進黨，在這兩個問題前束手無策，而且找不到任何奧援。

在沒有「想像秩序」事先對這些狀況先行思考的情況下，民進黨選擇了他們認爲比較「安全」的路——否認執政黨對執政總統有任何權利堪供伸張，否認執政黨能對總統進行任何約束、制裁。還有，否認除了任期之外，有什麼其他權力、其他權力行使形式，可以對付不適任的總統。

這當然是最沒有想像力、最空洞的立場。在總統權力之前，民進黨將自己徹底挖空，徹底否定，變成虛幻幽靈般的存在，無能執行任何正面的作爲。他們最恨最不能接受的，就是別人催促他們離開幽靈存在，肉身肉體地做些實質的事。

民進黨沒辦法。要做任何具體的權力措施，民進黨首先得能夠想像這措施才行。可是他們反覆搜索自身內在，卻怎麼找都找不到這想像的來源。

一個想像力空洞的政黨，在考驗中就顯現了其空洞性。無能安排未來變數的空洞，使得現實應對空洞，甚至進而使他們回頭看自己的歷史，也都祇能看到無盡的空洞。

民進黨現實該做什麼？他們得先弄清楚未來如何安排、如何追求，才能決定現實做法。已經完全茫然不懂什麼是「正確」、「可欲」的未來的民進黨，怎麼能有現實決策？

再進一步看，民進黨過去的努力究竟有何意義，也還是要放在一個未來應然尺度的標準比對下，才有辦法決定。民主究竟是什麼？民主終極價值如何超越總統權力？在這種秩序想像付諸闕如的情況下，民進黨又如何衡量自己過去追求的理想，到底值幾分錢？

正就是在如此全面空洞化發展下，民進黨逃進了最空洞的虛無主義藉口裡。他們無法提實質的說法、理由，於是祇能以「認知不同」來否定別人實質論理的基礎。他們希望說服自己、說服別人，陳瑞仁的起訴書與任何事實無關，祇表示祇反映了陳瑞仁的主觀「認知」。他們顯然更希望說服自己、說服別人，根本沒有能超越「不同認知」而存在的事實，沒有事實，沒有國務機要費事實，也就不會有由事實引發的判斷了。

今天台灣不是沒有了實質執政黨，我們甚至沒有了一個叫做民進黨的實質政黨。這個黨快速而全面地空洞化，並且意圖拖著台灣一起快速、全面空洞化，以此做爲其最核心、最重要的存在策略。

點明、並抗拒民進黨的這種空洞化，則是台灣當前最要緊的存在挑戰了！

2

困境中的民進黨

一、民進黨的三大核心價值

多年以前，我曾短暫任職民進黨國際事務部。接待來自世界各地的媒體與政黨訪客時，最難回答的問題是：「民進黨到底是個什麼樣的政黨，左派政黨或右派政黨？」

民進黨既左又右、非左非右，如果嚴格地用西方左右政黨標準來衡量的話，民進黨有些政策國家主義個性濃厚，卻又有些其他政策，擺明了出於自由主義立場。

這般南轅北轍的東西，怎麼會出現在同一個政黨的政綱上？而且民進黨內還真的很少有人感覺到自己有任何精神分裂、衝突矛盾的地方。

如果有人一定要逼問這個問題（像我碰過的國際自由政黨聯盟代表），那我祇得多費唇舌解釋：民進黨的政策，是因應於國民黨長期統治塑造的不正常體制而來的改革與矯正。國民黨幾十年忽略社會福利與救濟，所以民進黨主張應該擴大辦理社會安全制度，增加社福預算，看起來好像是主張「大政府」；然而另一方面，國民黨威權獨大，壓縮民間空間，企業結構也被編組進黨國體制內嚴重扭曲，所以民進黨不得不主張重建自由市場，政府少管企業，能不管就不要管。

這兩種態度，表面上看是矛盾的，但事實上不。因爲這兩件事都同樣爲了救治國民黨統治造成的偏斜，要把台灣扶回「正常國家」的正軌上。

民進黨賴以得到人民支持，靠的不是什麼清楚、傑出的政策路線，也不是什麼了不起的未來遠景，更不是展現了值得令人欣賞、信任的治國能力。民進黨靠的，是其長期所代表的價值信念，是這些價值信念帶來人民的希望，也刺激出人民的信賴。

而民進黨所代表的價值理念，幾乎都和國民黨脫不了關係。換句話說，民進黨是做為國民黨的對立面，而取得其存在意義的。

回頭看，民進黨的存在意義中，有三大價值是最關鍵的。第一、民進黨的自由開放，對應於國民黨的封閉威權。第二、民進黨專心致志扭正國民黨缺失的決心。第三、民進黨人為台灣民主曾經做出的奉獻犧牲，以他們的生命與青春，使得民主、改革成為高貴的運動。沒有那些犧牲，凸顯不出這些普世價值的重要，沒有那些奉獻，對比不出國民黨既得利益者的可鄙。

沒有這些價值、經歷，民進黨憑什麼崛起？台灣人為什麼要捨國民黨或其他許多起起伏伏的政治勢力，選擇民進黨？

二、二〇〇六民進黨「自我毀滅大計畫」

然而在那麼短的時間內，民進黨竟然就在我們眼前，彷彿做好了「毀滅大計畫」似的，一步步摧毀自己賴以生存的價值信念，下手之重之徹底，態度上之決絕無悔，比對待敵人還要更凶狠、更殘酷。

陳水扁的聲望一直下落，然而民進黨卻願意和陳水扁緊緊綁在一起，這眞是件令人不解的事。民進黨過去最大的長處，就是他們從來不「鞏固領導中心」。事實上，以前的民進黨從來沒有眞正的「領導中心」。沒有領導中心的民進黨，一路走來好像隨時都在同志吵架的紛爭中，隨時都有要解散分裂的危機，但實際上，這樣自由開放的政黨非但沒有分裂，反而贏得了民眾更多的信任。理由無他，因爲國民黨是不開放、不敢開放的，永遠在「鞏固領導中心」

的國民黨，維持了「領導中心」的假象，最終畢竟還是從「領導中心」開始裂解起。

現在的民進黨，竟然也有了不容挑戰的「領導中心」。趙建銘涉入台開案的事，炒得沸騰，民進黨全代會卻可以對「貪瀆」、「特權」一字不提，祇顧表決「解散派系」。隨後登場的罷免案，民進黨內又幾乎沒有任何討論，更沒有任何異議之聲，就想當然耳地以黨紀伺候，不准任何一位黨籍立委進場投票。最誇張的是，陳水扁因國務機要費案被實質起訴後，民進黨中執會本來該討論如何處分陳水扁，沒想到開完會的決議，非但陳水扁沒有被送廉政會、中評會調查，反而將公開對媒體批評陳水扁的立委同志送中評會議處！

六年前，也是罷免案上身，在「核四停建」的紛擾中，我們都還沒看到民進黨如此一致。「核四」爭議裡，黨內還能對陳水扁的做法有不同批判意見，就算最後立委必定動員保護陳水扁，但過程中絕不是「一言黨」。

黨內自由開放的價值，遭到徹底破壞。平常習慣「放砲」的黨內同志，在隨後「倒扁」風潮中，更是個個噤聲不語，遑論天王、天后了。陳水扁所做所爲不好辯護，不是每個人都有那種臉皮、那種本事替總統說話，檯面上寥寥祇剩游錫堃、王世堅幾個人，然而反對的想法呢？爲什麼一點反對的想法，進而逼陳水扁反省的聲音，都不見了？

毀掉自由開放價值的同時，民進黨同志們忙不迭啓動「第二部曲」，那就是將自己與過去的國民黨拉拉扯扯，而不再是畫清界線。

動不動問：「以前可以，現在爲什麼不可以？」面對國務機要費滿城風雨，大剌剌地指責審計部雙重標準，甚至去搬出民國五十二年的審計資料來，這些做法不祇是其厚顏詭辯的態度令人不耐，更嚴重的是，其背後價值之顚倒，令人驚駭。

「比爛」邏輯意味著民進黨不再視他們所推翻的國民黨威權爲寇爲讎，反而願意接受舊國民黨威權爲某種典範標準。本來民進黨存在理由中，寫得斗大的一項正是：「扭轉、補正國民黨統治缺失。」曾幾何時，這項理由被改寫成：「祇要可以比威權國民黨好一點就行。」

多少人能夠接受民進黨這種「比爛」的詭辯？一個不與舊國民黨畫清界線，卻老是往自己身上套舊國民黨標準的民進黨，還是民進黨嗎？第二部曲、第二步驟，快速摧毀自己逆反國民黨威權一切惡習的價值根基。

三、攻擊施明德毀掉自己的歷史尊嚴

還有更不可思議的第三部曲。民進黨同志王世堅、王幸男等人，挺身打擊倡議「倒扁運動」的施明德，他們用的是人身攻擊的方式，他們用來進行人身攻擊的，是施明德的「求饒信」。

放眼從黨外到民進黨的民主抗爭史上，除去那些已經死了，被槍斃或病死獄中的亡靈，有誰比施明德付出更多？算牢獄時間，施明德比陳水扁多十倍。牢獄中，施明德幾度絕食瀕死，陳水扁則還有力氣替別人寫訴狀。更重要的，在台灣民主史最關鍵的「軍法大審」上，面對「二條一」眞正會判死刑的叛亂罪名，除了施明德，還有誰那麼勇敢向庭上請求：「請判我死刑！」？

施明德的勇氣，那個時代感動了多少人。施明德成爲政治受難的象徵，不然怎麼會有後來民進黨享有的道德合法性呢？如果連施明德都是「儒夫」，那黨外到民進黨的歷史上，還有誰通得過考驗、稱得上勇士？

這些人不知道自己在做什麼。他們以爲自己在打擊施明德，卻不知道實際上刨掉了民進黨的根。他們否定民進黨過去爲民主犧牲奉獻的價値，他們設了一個奇怪的、無情的標準檢驗施明德，結果是這樣的標準下，民進黨不再有權利掛上過去的民主光環了。

如果施明德是懦夫，那麼在國民黨威權恐嚇下，別人又在哪裡，又在做什麼？所有那些沒有寫「求饒信」歷史的人，他們勇敢嗎？不，他們不需、也沒有機會寫「求饒信」，因爲他們不反抗、沒有被捉被壓迫，何「求饒」之有？不需，也沒資格寫「求饒信」的人，又有什麼資格批判別人寫「求饒信」呢？

民進黨錯亂了。錯亂一，竟然是由王世堅、林國慶這些人來代表民進黨回應施明德，這些人恣意敗損民進黨過去歷史的價値，竟然其他人都祇能在一旁瞠目結舌，不知道該怎麼辦。

錯亂二，民進黨至今認定對陳水扁無計可施，祇能將黨的命運，和阿扁有限且愈來愈黯淡的政治前途綁在一起，爲了阿扁，眼睜睜看著黨與黨賴以存在的價値，在三部曲中持續淪喪。他們渾然忘了，阿扁仍然必須靠黨內同志，尤其是黨籍立委的票數，才能免於罷免下台的結果。黨籍立委的支持，難道不能成爲一股力量，向陳水扁提出強硬要求，要他以種種改革與坦誠做法，才能換取黨內的繼續力挺？別說陣前倒戈，爲什麼連拿這項籌碼跟阿扁換條件的勇氣都沒有？

很難在歷史上看到，一個黨的自我毀滅，這麼快又這麼徹底。到以自己的存在價值做爲毀滅對象，換來什麼？什麼都沒有！

接下來有北高市長選舉，有一起舉行的市議員選舉，民進黨要怎麼選？更要命的是，未來不管在兩岸政策或經濟路線上，受陳水扁遺產拖累，民進黨還能有什麼發言空間嗎？這樣一個黨，步步敗退，步步瓦解，還打算退到什麼地方，散成什麼地步，才會有人願意起來護衛政黨價值，跟陳水扁和那些大肆破壞價值基礎的人士大聲說：「夠了！」呢？

四、二十年不足以讓民進黨成熟

二十年，對個人來說，是很長的時間。從出生到成年，或從青年變爲中年，花費的，差不多就是二十年。不過，對一個政黨，尤其是在民主草創社會裡運作的政黨而言，二十年實在是太短的一段時間，短到不夠讓政黨成熟。

今天民進黨遭遇的種種問題，基本上都出在這二十年過於倉促的發展，沒有來得及給民進黨一個清楚的身分認同、一個健全的組織結構、一個穩定的政治性格。

回到個人生命史的對照比喻，民進黨是個沒有青春期的政黨，直接從懵懂幼少時期，在時勢推移下，直接就擔當了大人的角色。

儘管在民進黨的前身，鬆散的「黨外」運動，從七〇年代便開啓其端，然而威權逼壓下，「黨外」並不具備任何民主條件，「黨外」是場壯闊的反對運動，反對國民黨是其核心價值，而民主，祇是用來反抗、對抗國民黨的重要工具。

二十年前，民進黨正式成立，其骨子仍然繼承了「黨外」的反對運動立場，就連其內部組織，都抄襲國民黨的列寧式革命政黨安排，根本談不上什麼「民主」。

那個時代的民進黨，是個奇怪的拼湊產物。權力現實上，民進黨充其量祇能是鬆散的聯盟關係，各種不同地區、不同動機、不同理念的勢力，衝著一項單純的共同點——與國民黨爲敵，而結合在一起。然而，明明是鬆散聯盟的組織，卻採取了嚴格的革命政黨面貌，這中間必然存在高度緊張。

民進黨的「民主化」，其實不在黨組織架構精神中，毋寧是誤打誤撞偶然所造成的。第一項偶然，是其他競爭組織的不爭氣失敗。國民黨放鬆黨禁，各式政黨如雨後春筍冒現，同樣以反對國民黨爲號召的，當然不會沒有。然而從王義雄的「工黨」，到朱高正的「社民黨」，都在不高明的經營下，快速沒落消失。

另外有從海外，不管日本或美國，移回台灣發展的政治勢力，如台獨聯盟，他們的成員有著傲人的學歷，還有長期累積批判國民黨的論述、主張，然而他們卻嚴重缺乏台灣本土連繫。更致命的，維持他們政治熱情的，就是他們對台灣的想像，但在國民黨「黑名單」管控下，這些人了解的台灣，都是十年、二十年前的模樣了，面對解嚴後快速變動的台灣，他們很難進入狀況。

五、關鍵的「選舉總路線」

民進黨發展的關鍵，在於確立了「選舉總路線」。當年批判「選舉總路線」

的人，認爲在國民黨壟斷遊戲規則情況下，民進黨怎麼可能選得贏？平白給人一種與國民黨體制妥協的印象罷了！

他們的主張，不是沒有道理。民進黨當然選不贏還握有龐大政經資源的國民黨。不過他們沒看到，事實上就連主張「選舉總路線」的人都沒有辦法預見的是，走選舉路線，民進黨可以選贏國民黨以外任何其他政黨。靠著「選舉總路線」，民進黨讓自己和其他政黨分別出實力高下來。

也是靠著「選舉總路線」，民進黨得以眞正建立黨中央。黨中央是什麼？相較於包山包海的國民黨黨中央，民進黨黨中央簡直是個笑話。爲什麼各擁山頭、各具實力的同志，要聽從黨中央的？的確，很多人不聽黨中央、挑戰黨中央決策，然而藉由「選舉總路線」，民進黨中央找到了最大的權力依據——選舉提名權。依靠民進黨招牌，可以給任何候選人，相當不錯的票源。相反地，任何不服從黨中央，被黨開除、或從黨裡出走的同志，就會在選舉中付出選票代價。

不知不覺中，民進黨的內部民主機制建立起來了。最核心的，就是提名過程與提名權。爲了能影響提名過程，有野心的政治人物必須想辦法控制中常會。要控制中常會，先得選上夠多的中執委。要有中執委席次，先要有夠多黨代表。於是大力招募黨員（包括人頭黨員），再用手中黨員在中執委、中常委選舉中層層換票，就構成了民進黨眞正的權力運作。

雖然有派系互動引來許多批評，民進黨這套機制，的確是數人頭的民主。這套機制也防堵黨權力集中，表面上看起來和國民黨一樣的組織，骨子裡的精神卻大不相同。國民黨主席何等威風！民進黨從主席以下，到中常委、中執委都沒有那種威權架式，更不必說實質權力了。

二十年間，民進黨始終維持著「選舉總路線」帶來的選舉政黨性格。政黨當然不能不選舉，可是民進黨卻是傾注對內對外一切力量，著眼於選舉。對外，與國民黨主要的爭鬥場是選舉；對內，自己實力的累積，也是靠選舉。選舉是目的，而不是手段。在選舉求勝的目的下，許多成熟政黨應該做，至少應該準備的事，就都被民進黨忽略了。例如說，民進黨始終疏於發展政策論述，就是選舉性格下產生的效果。

六、沒有國政準備的政黨

民進黨與國政的眞正接觸，一直停留在與選舉有關的部分。台獨訴求爲什麼在民進黨內那麼重要？因爲要求獨立建國是最簡單、最直截了當的口號，而且又挑釁地觸犯了國民黨威權禁忌，在選舉中最易煽起激情、更容易突出民進黨旗幟來。

相對地，怎樣治理一個國家，不論這個國家叫中華民國或台灣，就從來不是民進黨有能力去關心的。

二十年中，大部分時間，民進黨祇能在有限範圍實習選舉以外的政治事務參與，這是讓民進黨遲遲難以成熟的一大理由。像是一個充滿好奇心的小孩，卻總祇能在大人給予的微型玩具間，玩著想像的家家酒，以為自己就眞的在煮飯、打掃或提公事包上班、開飛機坦克。

台灣的政治體制下，立法院的政務參與，極其有限。何況早期立法院被行政院壓得死死的，更難與聞行政事務。民進黨人除了在立法院有限學習外，剩下的就祇有地方行政經驗了。然而，台灣中央集權的架構，又讓號稱「地方父母官」的縣市長，其實視野狹窄、權力褊小。

民進黨選舉的本事與政治實踐的能力，形成了強烈落差。理想的步驟，應該是藉由選舉，逐漸累積民進黨取得的權力，由量變到質變，累積夠多權力後，升高其權力等級形式，終至完成其自我訓練、轉化過程。

不過，歷史不會如此中規中矩，按部就班的。高度選舉性格的政黨，中間出現了具備格外選舉天分的人才，黨內環境利於他快速冒升，黨外整體環境也利於他快速竄起。

這個奇才，選舉的大謀略家，就是陳水扁。他的選舉策略、布局，一直走在民進黨的最前鋒。陳水扁，而非許信良，才是「選舉總路線」最重要的執行者，當然也就成了「選舉總路線」的最大受益者。

一九九四年，陳水扁甚至為了選舉，大膽拋棄了反對運動一貫的悲情路線，改以「快樂、希望」訴求台北中產階級支持。他更大量起用形象鮮明的年輕人擔任競選幹部，成功開發了年輕票源。

從一九九四年到一九九八年，兩次台北市長選舉，陳水扁先是贏過了趙少康、黃大洲，繼而敗在馬英九手下。然而這一勝一敗的經驗，卻導向同樣的政治操作傾向——益發使陳水扁相信選舉策略，不信政務作為。政務推動上得到七〇％市民的肯定，卻還是打輸了連任一役，那麼政績重不重要，不就不言可喻了嗎？

在台北有政績的陳水扁，無法贏得連任；沒有任何資歷經驗可以保證其國政作爲的陳水扁，卻隨後贏得了總統大選。這樣戲劇性的變化，決定了陳水扁，乃至民進黨的前途走向。

七、一群流鼻涕假裝長大了的惡童

他們成了一群祇相信選舉操作，不信國政實踐的國家治理者。在沒有充分緩衝準備，沒有跌跌撞撞與大人世界衝突妥協經驗的情況下，這個前一天還在玩玩具的小孩，手裡突然就有了眞的廚房、眞的公事包，甚至眞正的坦克、飛機。

在人生成長過程中，青少年期是什麼？青少年期讓人從叛逆、否定成人世界，到慢慢理解成人世界之無可避免。青少年掙扎著想找出一條逃逸出既有成人規範的路，因而與成人權威相頂撞，撞得鼻青臉腫之後，才進到成人世界。這過程，或許痛苦，卻是寶貴且必要的。

突然從童少進入成人世界的民進黨，嚴重缺乏青少年期應該要學到的智慧——理解成人世界內在的道理，以及做爲一個成人的辛苦與不得已。

陳水扁與民進黨掌握政權，卻遲遲沒學到當家做主該有的成熟態度。他們要不把國家權力與國家資源看得太大、太了不起，因而興奮地憑貪念行事；要不就把國家權力、國家體制看得太廉價、太不堪，老以爲自己高興怎麼改，就可以怎麼改。結果，就像闖進大人世界的小孩一樣，這些人莽撞地破壞了許多東西，貪婪地攫取了更多不應該屬於他們的東西。

陳水扁從沒放棄過「選舉至上」的信念。他沒停止過選舉考量與作爲。也許該這樣說：他把所有的事情，都看成是可以用選舉手段解決的。一切爲選舉，一切都是選舉。

太會選舉、太多次靠選舉手段達成目標的陳水扁，拉住、綁住民進黨，讓民進黨也無法轉型成一個眞正有效的執政政黨。這樣一個黨，掌權六年，迄今還是沒有政策路線，沒有政策論述，沒有政務人才，更沒有政績目標。他們有的是什麼？是「反正到時選舉見眞章」的虛無心態。

爲選舉需要，可以也應該暫時忍耐一切。爲什麼「天王」們如此低調行事？因爲他們都有眼前選舉的考量，選舉利害，遠勝過他們的原則與信仰。

二十年時間，不夠讓民進黨「轉大人」。民進黨依然是個頭腦簡單的幼稚政黨，眼睛裡祇看到近距離利益，沒有習慣想得深、想得遠些。台灣被這樣一群其實還在流鼻涕的「惡童」們把持，讓人無奈、悲哀。別看「天王」的裝模作樣煞有介事，唉，從成熟民主標準來衡量，不幸地，他們眞的都是沒有長大，流著鼻涕一手拿彈弓威脅人、一手拿彈珠汽水誘惑人的惡童啊！

3

困境中的總統

陳水扁總統陷入了兩種嚴重的困境，拉著台灣跟他在泥沼中難以脫身。這兩種困境，都是陳水扁自己個性與行事所造成的。一種是，破壞了信任機制後產生的困境；另一種則是爲了規避指責，因而使自己陷入不得不以妄想爲防禦的精神狀態裡。

一、徹頭徹尾的策略家

十多年前，差不多同一個時間，我有機會接觸到台灣政界三位重要人士——當時的李登輝總統、許信良，以及陳水扁。這三個人，構成清楚的對比。

李登輝對什麼話題都充滿興趣，鮮明對照陳水扁對什麼話題，除了現實政治以外，都沒有興趣。跟李登輝聊天不是件容易的事，因爲你提起任何題目，不管是歷史、文學、音樂還是水利工程，李登輝都會興致勃勃地開始炫耀他的知識，熱情地擺出指導者的姿態來。不過相比之下，跟陳水扁聊天是一件更困難的事，因爲你講的任何東西，他統統不懂，他會用客氣、籠統的方式不斷認同回應，然而，表面的禮貌無論如何無法掩飾事實——他聽不進去你在講什麼。

陳水扁和許信良構成另外一組對比。我沒有看過比許信良更沒禮貌的人。他隨時不客氣的打斷人家的話，提高聲音反對人家的意見，他隨時準備要進行一場無止境、沒完沒了的辯論。跟他談話，也的確常常都會變成激烈的辯論，然而，我很快就發現一件奇怪的事，和許信良辯論一、兩個小時後，怎麼原本從我口中說出的話，變到許信良的嘴裡，而且成了他熱情護衛的意見？沒禮貌的許信良，其實隨時隨地都在聽，在辯論中接受想法，甚至改變自己的想法、立場。

你永遠沒辦法找陳水扁辯論。後來我明白了，不是因爲他客氣，而是因爲他自己從來沒有深刻相信、非主張不可的東西。他永遠在那裡算計著，這種狀況下，倒底抱持什麼樣的態度立場，最爲有利？

陳水扁跟毛澤東一樣，是個徹頭徹尾的策略家，一切都是策略，沒有信仰，沒有終極關懷終極目標。

二、「很小很小的虛無主義者」

陳水扁執政才半年，我寫過一篇文章，引用了三島由紀夫在日本「安保鬥爭」中，對當時日本首相岸信介的評論。一九六〇年六月十八日，超過三十萬示威群衆包圍岸信介官邸，三島由紀夫站在國會大樓屋頂，俯瞰被重重包圍的首相官邸。回到書房，他寫道：「並不是因爲他是個戰爭的禍首，也不因爲他是個馬基維利式的權謀政客，甚至也不是因爲他是個專門巴結美國人的馬屁精；人們恨他，因爲他是個很小、很小的虛無主義者……他什麼都不相信，而且雖然他或許自認有信仰，但是社會大衆卻很本能地覺得他不能信服自己的政治信條。」

六年之後，竟然眞的換成台灣群衆示威包圍總統官邸，我只能說，惹起這麼大憤怒的主因，還是在於：陳水扁是個「很小、很小的虛無主義者」，他沒有信仰，因而人們不知道他會做什麼，更糟的是，人們不知道他一定不會做什麼。「倒扁」的導火線是陳水扁及其家人親信的貪腐行爲，不過「倒扁」的根源，卻在於無信仰，讓人無從捉摸的陳水扁，幹過太多「見人說人話、見鬼說鬼話」的事之後，完全信用破產。

容許我再抄一段六年前的文章，「虛無主義者在政治上最大的殺傷力，是他會破壞一切的信任機制，使得讓政策能夠從思考到實踐的時間完全無法存在，讓必須協調完成政策的各方力量無從集結。

「大家弄不清楚虛無主義者相信什麼，也就沒有把握他什麼時候會做出什麼樣的事情來。換句話說，虛無主義者讓每個人都害怕自己不知什麼時候會被背叛。……捉摸不清虛無主義者相信什麼，也就不敢依賴任何需要互信為前提的機制，於是彼此的互動對待就越來越粗暴、赤裸裸，越來越追求一翻兩瞪眼的立即效果。」

三、不見底線的行爲模式

群衆受不了的，不見得是陳水扁及其親信眞的做了什麼，而是他們毫無底線的行爲模式。行爲底線在哪裡？在於一個人的信仰，在於他的行事風格，而不在於法律規定。

群衆憤怒的，不是事實顯現陳水扁他們做的貪腐壞事。而是想像中，他們會做得出來的貪腐壞事。沒有任何東西可以阻止人民在這方面的想像，太多人認爲藏在底層沒有被發現的貪腐壞事，還有很多很多。

如果大家確認知道陳水扁及其家人親信，到底有多貪腐，老實說，憤怒不會那麼強烈。目前已經有證據的部分，不管是趙建銘牽涉的內線交易，還是國務機要費的報帳問題，都沒有嚴重到冒犯台灣一般對政治行爲的預期。麻煩的是，陳水扁自己完全斷送了信任基礎，過去六年，多少次，以常理判斷他不應該會做的事，只要符合當時的權力情境需要，他都做了。多少次，以常理判斷他說不出口的事，他都毫不猶豫地硬拗出口。於是，今天人民也不再可能以常理判斷他涉及貪腐的行爲邊界了。

民主政治有許多內在的緊張，其中之一，就是領導人要靠討好大多數人來取得權力。既然要討好大多數人，這種人能有多高的原則？然而，沒有原則的行事方式，卻又必然破壞行使權力的基本條件——信任感。

陳水扁是個沒有原則的人，靠著沒有原則的圓滑，靠著許多彼此矛盾的承諾，他才得到足夠的票數，當上了總統。然而，當上總統後，他沒有能聽取美國總統杜魯門最重要的忠告：「一旦當選了，你就得停止競選。」陳水扁沒有辦法讓自己轉型成有原則、可預期的總統，他繼續說著做著矛盾的話矛盾的事，讓所有對他有過期待的人，都在某個時刻，感到身受背叛。

彼此矛盾的承諾，沒有原則底線的行爲作風，終究還是會在時間的考驗中露出馬腳來。沒有原則的人，也就找不出原則眞正原諒自己，於是，只能在精神上架構各種防禦機制。這是陳水扁讓自己走進的另一個沒有出路的黑暗地窖。

四、佛洛伊德的洞見

「……一連串攻擊別人的指責、令人懷疑到一串類似的自我譴責的存在。

我們所要做的，祇需將每一項指責反過來指向自己。在這種以指責別人來轉移自責的自我防禦方法中，有一種不可否認的自動因素。這種方法的一個典型例子，可以在小孩子『你也是』的爭論中發現，如果有一個小孩子被指責爲說謊者，他會毫不猶豫地回答：『你也是。』成年人如果要以牙還牙的話，會找尋對手眞正暴露的弱點，而不會重複別人咬過的，在妄想病（paranoid）中，自責之對別人外射，其內容沒有任何改變，而一點也不考慮眞實，這在妄想的形成過程中變得很明顯。」

讓我們先仔細了解一下，佛洛伊德這段話（引自《少女杜拉的故事》）所含的重要洞見。

短短一段話裡，佛洛伊德觸及了幾個人類行爲背後的精神因素。第一個是指出一種常見的自我防禦心理行爲。不管自覺或不自覺，如果一個人做了帶給自己道德意識壓力的「錯事」，他會轉而以攻擊指責他的人，來替自己脫責脫罪。儘管「錯事」是他做的，然而他卻將錯事的壓力，轉嫁發洩在指出他犯錯的人身上，視其爲讎敵。

這就是我們一般語言裡說的「惱羞成怒」，惱羞成怒時，怒氣指向的，一定是暴露其錯誤行爲，使其蒙「羞」的人。不過，佛洛伊德在此之上，進一步分辨出「惱羞成怒」之「怒」發洩表達的方式。

一種特別的方式，被佛洛伊德視爲不成熟經常都出現在兒童身上的，是要攻擊憤怒對象時，不顧那對象的個別性，不管這個指責他的錯誤的，是爸爸、媽媽、老師、男同學或女同學，也不管指責他的人實際有什麼缺點弱點，一股腦兒將自己被指責的錯誤行爲，轉套到對方身上。

小孩爭執時，的確常發生這種狀況。A說B「作弊！」B的自然反應，一是：「我沒有！」另一種是：「你亂講！」還有一種卻是：「說別人說自己，你才作弊！」

佛洛伊德談的，就是最後面的一種反應。不過佛洛伊德的理論中，進一步劃分出小孩與成人使用這種心理防禦機制的差異，小孩通常是因爲對於他人行爲累積的理解不足，無能快速尋找到對手的缺點弱點，於是方便習慣地將對方拋來的指責丟回去，做爲最方便的防衛。小孩甚至還會用一種籠統、普遍的方式來給自己「防護罩」，例如將「說別人說自己」隨時掛在口頭上。

成人卻不然。成人理應對人的行爲有了一定認識理解，不可能天眞以爲：我做錯什麼事，講我的人也會做同樣的事。於是，會如此倒過來講別人的，心理中勢必要有一定程度脫離現實的「妄想」，他必須在相當程度上製造假象，說服自己讓自己相信：「罵我的人都跟我一樣壞！」他才有可能採取如此的防衛方法。

所以進一步有趣且重要的問題：理應沒有那麼天眞、理應有能力去找出別人弱點予以還擊的成人，爲什麼還要訴諸於這種幼稚的心理反應？他偏離、妄想的來源是什麼？

五、無法假裝自己的錯誤不存在造成的焦慮

佛洛伊德最大貢獻，就是透視了妄想的源頭——深度焦慮刺激出的逃避機制。一個會說：「你也是！」的成人，放棄了替自己舉證辯護的方法，也放棄了眞正去攻擊對手的方法，卻寧可在心理創造幻覺，相信罵他的人跟他犯了相同的錯誤，因爲：第一、他喪失了足夠強悍的意志辯護自己；第二、他要逃避自己心中對錯誤行爲的焦慮折磨。

陷在這種情境下的人，當不能再假裝自己的錯誤不存在時，祇好反過來刻意拿自己的錯誤到處張揚，到處看到別人也犯了同樣的錯誤，如此得到雙重安慰。一重是說服自己相信：「我犯的錯不嚴重，因爲有那麼多人都犯同樣錯

誤。」另一重則是說服自己：「沒有人會再看到我的錯誤，他們祇會看到其他那麼多人都一樣。」

這樣不成熟的心理防衛，正是目前陳水扁與民進黨，最突出的精神狀態。陳水扁在國慶典禮中，公開大談「反貪腐」；民進黨以追討國民黨黨產，以「反貪腐」做爲北高市長宣傳主軸，讓許多人覺得不可思議。自己身陷嚴重貪腐指控的人，照理講不是該迴避「貪腐」話題惟恐不及，怎麼反而自己去提醒別人注意「貪腐」呢？

然而借用佛洛伊德的洞見，我們就明白：這正是陳水扁與民進黨僅有的心理防禦了。他們不願也無法在自己的貪腐行爲上進行辯護，貪腐錯誤的焦慮，又使得他們的精神能量（psychic energy）被大量吸納在黑洞中，不足以另闢戰場去攻擊藍營或紅營眞正的弱點，他們就自然地彷彿返老還童，變成一個小孩，指著周遭說他貪腐的人，反覆大叫：「你才是！你們才是！」

一個被控貪腐的人，爲了看不到自己的貪腐，他會在其他人身上，到處看到貪腐。這又是佛洛伊德給我們的重要提示。他要拿來攻擊別人的題材，正是他要逃避別人觸及的自身痛處。

爲了在自我心理上逃避、解危，陳水扁與民進黨這個時候還必然要有一種能力——挖掘並誇大別人貪腐的妄想能力。他們脆弱而敏感的神經，已經先設定好相信周遭淹沒在貪腐之海中，所以現實上任何可能的貪腐蛛絲馬跡，就都會被放大成他們解救自己不至於滅頂的繩索。

與其從競選策略角度，還不如從精神分析角度來理解郝龍斌的水電事件和馬英九的特別費調查。並不是說郝龍斌的水電、馬英九的特別費沒有問題，而是民進黨上上下下對這些事的重視程度，超過了單純競選操作的範圍。糾結不清的水電費、特別費，深深打中了民進黨最敏感的那條自我保護神經，被擴大賦予了證明「你也是」的全面意義，引導他們進入一種格外興奮與激動的狀態，找到了逃避的發洩管道。

郝龍斌陣營再三說：「炒作水電費無助於釐清謝長廷在高捷弊案中的問題。」這話是事實，然而卻不會對現今的民進黨有任何作用，因爲他們的精神狀態中，不再打算在自我辯護的戰線上決勝，而是一心一意就要以「你也是」來尋找自己相信的解決之道。

六、「第一名」後面的自卑感

佛洛伊德的洞見，還協助我們進一步追問：「什麼樣的人、什麼樣的心理精神結構，會傾向於選擇這種不成熟的防衛機制？」

當然是不成熟個性的人，而且是特別形式的不成熟。這種人的精神結構裡，最強烈的傾向，說穿了就是自卑感，以及由自卑感帶來的不安全感。

自卑感的內在意義，就是自己相信的標準，與對自己的衡量，有著顯著的差距。既無法調整標準，也無從提升自我評價。

弔詭地，在許多我們以爲最不需要自卑的個案裡，有著最深沉的自卑感影響。例如說：一個老是考第一名的人，應該能藉由成就建立自信，也就不會有自卑感吧？不，事實有時不是如此。如果有人總是無論如何必須爭取第一名，願意犧牲一切來換取第一名，而且有了這個第一名，還要爲下一個第一名汲汲營營，那麼其「第一名症候群」往往就是強烈自卑感的表徵。

道理很簡單，這樣的人其實無從建立自我內在標準，不懂得如何自己評量，也就無法安於對自己能力的信心中。他需要不斷有外界的訊號告訴他：你夠好，你夠優秀，才能夠取得存在保證。

總是在爭取第一名的人，也就格外害怕失去第一名。這種人會有比別人高得多的成就動機，往往也會在人生某個階段跑得比同儕快、比同儕遠，身上掛滿了成就勳章。然而其內在無從排解的自卑感，卻很容易在其他時期、其他階段冒升出來打擊他。

藉自卑感取得第一名的人，因為高度依賴外界標準，也就格外需要別人的肯定，也就格外不敢、不願得罪別人。缺乏堅強自我內在力量，這樣的人會緊緊抓住別人的肯定掌聲，不願放過任何可以博得掌聲的機會。

他們幾乎毫無例外，會變成沒有明確信仰與原則，可以見人說人話、見鬼說鬼話。如果他們要反對誰，那一定是他已經確知確信，反對這個人會在別的地方替他帶來肯定與掌聲，那邊肯定掌聲的利益吸引力，遠高過要反對這邊所可能提供的。

這樣的人，不可能做良心犯、不可能做國民公敵，他們沒有足夠的精神力量，從原則、信仰上支持自己去特立獨行。然而這樣的人，也不可能眞正變成毫無道德信念，完全不在乎是非的惡棍。要做那種惡棍，一樣需要相信自己、自我中心的精神能量。

他們太需要世俗的認可，所以絕對無法說服自己世俗的是非善惡對錯評斷不重要。然而另一方面，他們又太貪心於蒐集所有的第一名所有的掌聲，因而也不可能堅持信守一套是非善惡對錯標準。他們必然抓到機會就不惜歪曲原則，以賺取掌聲與第一名。

七、人格中的黑暗與不穩定

這種人的心理結構中，存在著必然的黑暗與不穩定。他們有一種貪婪、有一種見獵心喜不獵可惜的習慣，然而他們又深深害怕，不曉得哪一天會有人指責他們敗德。

換句話說，他們一直焦慮著自己做的事，不會都是對的。各種扭曲原則與標準的行爲中，沒有理直氣壯，而是充滿了自我折磨的慌張。

沒辦法理直氣壯做個單一原則下的好人，又沒辦法理直氣壯地做個不信任何原則的壞蛋，在惡的誘惑與善的責難中不斷擺盪，是這種人的宿命。

因而他們格外需要心理上的逃避機制。他們有太多情結、太多矛盾，每一個結、每一組矛盾，都需要一個逃避的迴路。

他們做不到眞正的選擇。選擇了這邊這個標準下的掌聲，就必須放棄相反那邊的掌聲。他做不到。要到了這邊的掌聲，他還是禁不起任何可以得到那邊掌聲的誘惑，又跳了進去。他知道這中間有矛盾，他知道有一天可能會被拆穿指責，他祇能靠逃避來解壓。

所有的逃避策略，都會被他們拿來運用。不過因爲他們要防備的心理戰線實在太多太廣了，不是有限心理精神能量可以分散負荷的，於是很容易他們會將所有能量導向建立一套「通用」機制。怎樣的機制可以應對從不同方向依不同原則來的質疑指責呢？

嗯，就是被指責時，不分青紅皀白反咬：「你才是！你也是！」想像、相信指責他的人必定也犯了同樣錯誤，這樣不必去在乎指責者的身分，也不必去追究指責的特定內容，統統都能通用應付。

他相信，他必須相信，他必須如同眞確看到地相信：指責他貪腐的人，自己一定也貪腐。指責他說謊的人，自己一定也說謊。指責他沒有勇氣獨立建國的人，自己一定也沒有勇氣去獨立建國。指責他執政路線錯誤的人，自己提出來的執政路線一定也是錯誤的。

是啊，這就是我們的總統，最根本的精神結構。他隨時準備著，要跳起來指責別人說：「你才是！你也是！」

祇有一種狀況他會顯露窘狀：那就是他找不到那個可以指著說：「你才是！你也是！」的對象。不過沒關係，給他一點時間，他總是能說服自己找出他要的對象的。

他會不會自省、檢討？很難。因爲他已經周旋在太多不同標準原則間，而自己又沒有一套信仰爲基礎的標準原則，叫他拿什麼來自省、檢討呢？他的整個精神結構，阻擋了他看到自省、檢討、自我改造的可能性。

他祇看到別人的「才是」、「也是」，對越多的指責，還以越多的「才是」、「也是」，一直如此抵抗著，唉，一直如此逃避著。

4

困境中的國民黨

一、被「偷走」的政權

少年時代，我練過一小段時間田徑。在田徑賽所有項目中，最讓我著迷的，首推百十高欄。

跑道上密密麻麻排列著高高的欄架，我們連要爬過去都有困難，然而比賽的選手卻要準確地抬腿、跨欄，讓欄架從伸直的腿下，不到一公分的地方擦過，同時使後腿彎曲、橫斜過欄，整個動作一氣呵成，不能有絲毫猶豫，更不容許有任何差錯。正式比賽中，撞倒任何一架欄杆，幾乎就注定與勝利、獎牌無緣了。

觀察台灣政局當前的發展，我常常想起少年時喜愛的百十高欄賽跑。民主時代的政權競逐，最像百十高欄賽跑，而不是百米衝刺，或許多人喜歡拿來比擬的馬拉松賽跑。

政黨之間的競爭，不祇考驗衝勁、也不祇考驗耐力，還考驗超越一次次艱難障礙的能力。要一邊超越障礙，一邊努力快速向前跑。超越欄架有很多方式。你可以停下來小心地爬過去，可以慢下來墊步翻過去，如果不怕痛的話，你甚至可以盲目地硬將欄架撞倒。可是如果想要最快抵達終點，對不起，你祇有一種選擇，一種最正確最省力的跨欄姿勢，既不需墊步、也不需手扶欄架，就那樣從欄架上方滑過。

六年前，國民黨失去中央執政權，那過程，如果用百十高欄賽跑比喻，一路就看到國民黨一而再、再而三地在欄架前出狀況。一下子被這架子絆倒，好不容易爬起來，又馬上撞上一個架子，弄得自己膝蓋瘀青，一拐一拐的。國民黨這個選手，自己在跑道上搞得轟轟烈烈，弄出好大的聲響，引起所有人側目。這時候，跑道上的對手，民進黨，一邊驚訝地回頭看著國民黨的糗態，一邊小心翼翼爬過一個個欄架，終於在國民黨之前抵達了終點。

我們可以說：民進黨偷走了比賽的勝利。不過這「偷」，不是從國民黨手裡偷走的。民進黨的確比國民黨早到終點，當然就贏過了國民黨。「偷」是意謂著，民進黨其實不是個合格的百十高欄選手，他根本沒學會如何跨欄的基本技術，迷迷糊糊、懵懵懂懂遇上了一個更糟糕的、自我毀滅的對手，就贏了。

二、爲重新執政做了什麼準備？

六年來，台灣遭遇到的許多難堪與不堪，都和這「偷」的結果有關。六年來，如果有什麼教訓我們可以學、應該學的，那必定是——讓沒有做好準備的人上台執政，是件多麼可怕、後遺症無窮的事！

六年之後，就在這個當下，我們聽到下一場百十高欄比賽跑道上，接二連三傳來乒乒乓乓亂七八糟的聲響。每隔一陣就來一聲，而且一聲響過一聲。那個叫民進黨的選手，正錯亂地用各種方式絆倒、撞倒欄架，弄出了一堆教人不忍卒睹的場面。

角色倒過來，然而情況卻照樣搬演。這次換國民黨邊跑邊回頭看民進黨自我毀滅式的種種醜劇，而且還常常看好戲看到幾乎停下來腳步，忘了自己面前也有欄架要跨。

國民黨驚訝地發現，自己慢吞吞、既不俐落更不優雅地爬過一個個欄架，完全沒費力，竟然就取得了毫不含糊的領先優勢！

在這個時間點上，我們問：「國民黨距離執政有多遠？」很多人，包括很多國民黨人士，心裡浮上的答案可能就是：「到二〇〇八年五月，還有一年多的距離。」甚至或許還有人認為距離比一年多更近，誰知道下個月、說不準下周，阿扁就下台了呢！

在提供我對這個題目的答案之前，請容我重複一次，六年來我們應該學到的最重要教訓是——讓沒有做好執政準備的人上台執政，是件多麼可怕，後遺症無窮的事！

三、國民黨的懶惰邏輯

從一個角度看：今天國民黨離重返執政位置很近很近。因爲自我毀滅的陳水扁與民進黨，一天天拚命將下一任的執政棒子往國民黨手裡塞。然而也正因爲這樣，如果換一個標準衡量，那麼國民黨距離執政，恐怕還很遠很遠。

如果我們的角度是檢驗：國民黨爲重新執政，做了哪些準備？如果我們的標準是：國民黨具備了哪些有效執政的條件？

使國民黨無法認真做好執政準備的，有兩道極難跨越的高欄。第一是：國民黨太在意、太有興趣於民進黨的自我毀滅，甚至沉迷於對民進黨錯誤作爲的指指點點，以至於無心也無力於回頭看自己、檢討自己，更遑論準備自己了。確認民進黨壞、民進黨糟，完全無助於使國民黨變好；讓國民黨變好的，祇有國民黨自身的反省與改革。然而不幸地，民進黨創造了一種環境，讓國民黨懶於疏於反省、改革的環境。

還有另一項大障礙。國民黨裡有太多人相信一種「懶惰」的邏輯，他們主張：「因爲國民黨以前執政過，因爲國民黨以前執政很久，所以國民黨當然知道怎樣執政、當然會執政。」

這邏輯不通的。第一不通，國民黨過去在自己創造的威權體制下執政，威權體制而今安在哉？從威權到民主，多大的歷史性變化，截然不同的政治體制，要求截然不同的執政能力。起蔣經國先生、李國鼎先生、孫運璿先生於九泉之下，恕我直言，他們大概都會水土不服適應不良，對民主制度下的政務推動不知所措吧！

更何況，國民黨眞有能力向過去招魂，起諸位先輩同志於九泉之下？國民黨有辦法抹去八年時間的刻痕，讓老者再少、逝者重歸？不可能，以前具備執政經驗與執政能力的人，經過八年時間，他們沒有人會停留在時間的原點上。

讓我們面對現實。國民黨重返執政位置，不管是今年、明年或二〇〇八，都必須處理民進黨執政改造後的台灣，國民黨不可能虛幻地、眞空地想像一個台灣，而是要挽起袖子、褲管，收拾民進黨留下的局面。

越是愛罵民進黨的人，越該有這種警覺，越該有這種反省：那，如果有一天國家在我們手裡，我們誰有能力用什麼方式讓這一切在最短時間內回到正軌上？要達成這樁任務，我們需要什麼樣的政策、什麼樣的程序、什麼樣的人才？

四、時鐘絕對不可能倒撥

使得國民黨在失去政權之後，一直無法拉近與執政之間距離的，是一種不切實際的「還原主義」態度。這幾年來，國民黨最清楚最強悍的訴求，祇有：「讓我們倒撥時鐘，回到二〇〇〇年以前。」

相對民進黨缺乏人才、程序混亂造成的種種傷害，國民黨難免對自己過去的執政成就沾沾自喜。民進黨執政成績越差，國民黨就越懷念自己過去的成績。然而這種沾沾自喜其實帶著濃厚的悲劇陰影。陰影一，它使得國民黨沉溺在「向後看」的情緒裡，遲遲沒有培養出「向前看」、「朝未來看」的習慣。陰影二，它讓國民黨陷入另一種「比爛」的價值中，卻不自知。

民進黨的「比爛」標準是：我們已經比以前的國民黨民主了，你們還要怎樣？國民黨的「比爛」態度則是：我們過去的成績已經比現在的民進黨好了，你們憑什麼批評我們？

這都是「比爛」，因爲都是選擇差的、低的標準，來抬高自己。反覆不斷懷念舊成績，使得國民黨沒有做一件重返執政、稱職執政不能不做的事——訂定出一套新標準，告訴人民，一個眞正好的政府，應該做哪些事，又絕對不能犯哪些錯；一個眞正好的政府，應該用什麼程序把台灣帶到哪裡去。

這套標準，才是「新國民黨」賴以建立的基礎。這套標準，一方面要用來檢驗、反省國民黨自己過去執政的成績；另一方面也要當作對台灣人民莊嚴、神聖的許諾。願景就在其中，還有實踐願景的決心與步驟，也必然在其中。

用美化眼光懷念過去的國民黨，無法面對，甚至無從探測一種根深柢固的台灣心靈——有多少人打從心底害怕，無論必須付出多大的代價，他們就是不願看到以前的國民黨再回到執政位子上。多少人根深柢固地不信任國民黨，不信任國民黨的過去，視國民黨一切所做所爲都是虛僞宣傳下的產物。

這些年來，國民黨不曾認眞、正面、誠意地看待這些負面態度。我並不天眞地以爲，這些歷史造成的負面態度，有可能完全和解、消除，然而，不做努力溝通歷史情緒，反而對過去沾沾自喜以致強化了歷史情緒的國民黨，是沒有資格再度執政的；就算再度取得政權，國民黨也會在這種害怕與不信任的壓力下，喪失有效執政的機會。

五、承認威權錯誤才能扎實爲民主執政做準備

國民黨距離執政還很遠，因爲這個黨蹉跎了六年的時光，沒有做好讓自己與台灣社會重新連結的工作。這六年來，國民黨比較像是一個場上的旁觀者。在場上看民進黨一直跌倒、出糗，熱心地喝倒采、發噓聲，渾然忘記了自己眞

正最該做的事，是利用對手慌亂出錯時，好好磨練砥礪自己跨欄的技巧，以及增強自己的肌力和速度。

拉近「到執政之路」，國民黨有兩個不能——不能想要抄捷徑，不能想要「回到從前」。國民黨要誠懇誠實地看待台灣現狀，擬出台灣未來十年二十年的情境圖象，哪些是可變哪些是不可變的，清楚向台灣社會說明，並做出負責、明確的「與人民有約」的承諾。國民黨要用平靜心情、嚴格標準，重新檢驗自己的過去。四十年威權統治，國民黨做對了什麼不必再去宣傳，因爲以前已經宣傳過度到令人反感的地步了，現在要做、可以做的，是承認那四十年統治所造成過哪些傷害，對哪些人哪些事是理應抱持歉意的。

一個國家命運、氣勢扭轉，最關鍵、卻也最難的，就是出現眞正不同性格的政黨。很多敵對的政黨，其實骨子裡是一模一樣的，祇是在不同權力位置上，表現不同態度罷了。

邁向執政，國民黨要一直問自己：我們眞的和我們討厭的民進黨不一樣嗎？我們最討厭民進黨什麼？一旦我們執政了，我們可以不要做同樣的事嗎？討厭民進黨貪腐，那麼怎樣讓自己有一天執政了不貪腐？討厭阿扁出爾反爾，那麼怎樣確保自己執政了可以有一致的原則？討厭阿扁硬拗，那麼看看國民黨內，眞的可以革除掉從自己的立場去硬拗的文化嗎？討厭民進黨操弄民粹情緒，那麼國民黨有辦法在民粹手段以外，激發出什麼樣的社會熱情？

眞要執政，要有效執政，國民黨需要做的事多得不得了。歷史對國民黨多好！竟然有施明德等人站出來，去做對抗陳水扁的事，國民黨不需站到第一線上去。有比這個更好更便宜的事嗎？國民黨還有什麼藉口，不趕快躲在第二線，咬緊牙關動員一切資源、力量，爲執政做準備？

台灣的未來，不是決定於哪個黨執政，而是決定於：一個獲得執政權的黨，到底爲執政做了多久、多少、多正確的準備！

5

困境中逼出來的知識力量

一、「學運世代」與「思想運動」

「七一五運動」的記者會上，現場有學生來「抗議」，回應學生質疑時，出席的學者吳叡人說了一段話，大意是說：當年他進到台大，意外地發現台大不是想像中的富麗殿堂，而是一座敗壞的廢墟，不過他們那一代人沒有頹死在廢墟中，他們走上反抗改革之路，依靠的是study hard，think hard。

這段話點出了一項歷史事實，今天新聞談論「學運世代」時，經常忽略的事實。那就是：八〇年代的學生運動，伴隨著另外有一場或許不到「壯闊」，但卻絕對是「熱鬧」的「思想運動」。而且可以這樣說，如果沒有「思想運動」的力量，八〇年代學生運動不會有那麼深遠的影響力。

吳叡人回憶中的study hard，指的當然不是努力學習系裡課程，以便取得好成績，甚至換來書卷獎。不是，八〇年代校園，尤其是台大校園，難得地浮現了一種非主流、另類的知識風潮，吸引了像吳叡人那樣的學生。

那個年代，先有「韋伯熱」、繼而又有「新左熱」，這兩波潮流正是後來學生運動背後最重要的推動者。

「韋伯熱」指的是對德國社會學家瑪斯．韋伯（Max Weber）著作的興趣。雖然一般慣用「社會學家」稱呼韋伯，但韋伯的研究範圍，絕對不限於現代定義的「社會學」裡。韋伯的社會學牽涉到複雜的歷史性研究，由市民傳統追索德國社會的形成，而且深入德國法學，再從中挖掘出最根本的倫理學及組織學的智慧出來，他剖析科學知識與歷史知識差異，他論述科學家與政治人物不同的道德責任，還有他描述官僚主義運作的宰制性格，都是二十世紀無可取代的經典著作。

從「韋伯熱」，進而下探德國知識傳統，找到了哈伯瑪斯（Jürgen

Habermas），尤其是當年哈伯瑪斯正熱中於研究的「市民社會」議題，也就順理成章進到台灣，成爲另類知識界最熱門的概念。

韋伯對官僚主義現代性的看法，幫助台灣年輕的騷動心靈理解籠罩在他們成長上空，最大的幽靈——國民黨，因而形成對國民黨及國民黨衍生的威權體制堅決反叛的合法性基礎。另外藉由「市民社會」觀念，年輕學生們找到一條繞過國民黨的歷史道路，那就是——打倒畸形龐大的黨國體制，重建（或新建）自主性、主體性的市民社會，讓台灣回歸正常。

「韋伯熱」帶來了對於西方知識傳統的視界擴大與好奇升高，於是在初步開放的氣氛鼓勵下，非主流知識界進而試探著接觸西方歐戰後別開生面、異於蘇聯共黨僵化教條路線，崇奉青年馬克斯思想而演化的「新左派」論述，一時之間，「新左」形成了另一股浪潮。

「新左熱」帶來的是社會正義觀念昂揚。首先，沒有社會集體宰制觀念，就不可能有「新左」的批判基點。再者，「新左」批判最大的特色，就是從社會主義正義平等原則出發，反抗資產自由下對於不平等的種種藉口說詞。

「新左」論述與西方六〇年代的學生運動關係密切。「新左」論述中也給了學生與學生運動獨特且關鍵的歷史地位。學生來自不同階級，然而學生身分使得他們暫時從階級關係中游離出來，他們有機會超越既有的階級壁壘，從知識中瞥見眞理的靈光，並一無依附地付諸行動，因而學生可以成爲社會改革的有力推進者。這樣的觀念，灌注台灣學生的信心，使他們不祇看到不合理，而且願意承擔打破不合理的行動任務，當然也願意承擔行動所必然帶來的代價。

這就是吳叡人那批最早學生運動（或該說是對抗國民黨教育控制的校園運動者），所努力學習、所努力思考的。沒有這樣的思想運動，就不會有學生運動的開端。

二、「中正廟抗爭」帶來的分裂

然而思想運動與學生運動密切並行的狀況，在九〇年那場最盛大的「中正廟抗爭」中，卻出現了無可彌補的分裂。

一九九〇年三月，中正廟前最是擁擠的時候，我寫過一篇題爲〈這樣的學生運動〉的文章。文章中說：「……知識分子的抗議之所以有較高的道德意義大致有兩個根源：一、知識分子在一般群衆之先透視到社會問題之所在，因此他們的抗爭即使未能達到最終解決這個問題的目的，至少可以收到將危機意識傳播出去的功效；二、學生的理想主義傾向替原來在現實層面糾纏不清的社會衝突，帶來新的視野，探求新的原則。從這兩個角度看，這次學生運動都不合格。學生所提出來的四點要求，根本祇是撿拾社會上存在已久的呼聲。而且在幾天的活動中，這些要求背後的理想面根本沒有任何新的發揮。學生們的菁英感其實完全沒有著落處。」

文章中又說：「……學生的訴求對象，很快就轉向執政者。如果報導沒有多大的扭曲的話，一大部分學生抗爭的最大希望是能夠見李登輝、李煥！這種完全喪卻自主性的訴求，再次顯示了知識分子菁英意識的陷溺。五十名代表最後未經太多討論就進入總統府『晉見』剛出爐的新科總統，完完全全忽略社會行動中所表現出來的權力關係象徵，正證明了這項運動畢竟無法脫開『公車上書』式的舊影子。」

「九〇學運」中當然有八〇年代累積下來，以思想運動支援的學生運動勢力，不過「九〇學運」搞得那麼大，至少還有兩個其他因素介入。

第一個因素是前一年震撼全世界的「八九天安門事件」。北京學生在天安門前扮演了非常重要的角色，經過國民黨刻意的渲染宣傳，「天安門事件」連帶拉高了學生運動在台灣的正當性與能見度。過去幾十年被視爲毒蛇猛獸的學生運動，突然不再那麼陰謀、那麼可怕，而可以是青年熱情的天真表現，這就釋放了許多準備好願意參與「學生運動」的人力。

第二項因素是不改選的立院、國大「老賊」成爲「全民公敵」，他們的荒謬存在讓人難以忍受。「國會全面改選」征服了台灣社會的差異矛盾，成了國民黨都擋不住的全民共識，這個議題也就自然提供了學生運動可以整合的大訴求。

然而大量青年突然投入學生運動，付出的代價就是稀釋了運動中的思想密度，而且使得運動訴求快速政治化，進而導致整個運動的性質快速政治化。

換句話說，很多從來不曾像吳叡人他們那樣 study hard，think hard 的學生，現在也都投身進入學生運動裡，量變帶來了更根本的質變。

三、政治路線凌駕思想路線

學生運動有了兩面性，思想運動的一面和政治運動的一面，學運世代也就隨而劃分成思想路線與政治路線的兩批人了。隨後台灣進入最激烈的民主制度變化時期，很快地，「政治路線」的學運世代嶄露頭角，相對地，「思想路線」就退到邊緣去了。馬永成、羅文嘉是「政治路線」中最醒目的代表，而郭正亮、林佳龍則是先選擇了「思想路線」後又轉投「政治路線」的新一批明星，於是我當年憂心的狀況，成了事實。運動能量投注入政治中，政治像個大吸盤，吸走了學生運動。沒有了普遍思想做爲後盾，學生運動更找不到異於政治上流行的議題，於是學生運動必然無以爲繼了。

不過，思想運動熄滅了，參與思想運動的一群人不會眞的就消失。這些思想路線的學運世代多半出國念書，回到台灣後進入學術界，做研究、寫論文、教學生，少數在媒體服務，不會有像馬永成、羅文嘉那樣的能見度、知名度。

他們進入學術界的時機，又剛好碰上了知識分子傳統在台灣的衰頹，學者與社會高度疏離的變化，更削弱了他們參與的活力與意願。

不過從思想性格上來看，這群人其實還是旗幟鮮明的。不管專業是什麼，在對待台灣社會事務上，他們顯現了幾個共同特色。

第一、源於過去左派知識洗禮，以及反國民黨的抗爭經驗，他們對國民黨，尤其是國民黨過去建構的歷史與價值神話，高度厭惡，這導致他們在政治立場上自然地與民進黨親和。第二、他們傾向於由社會面，而非政治權力面，思考、理解台灣民主，公平正義原則比現實實利原則更重要。因而他們關心「轉型正義」、關心社會分配新價值的建立，然而這些議題，卻正是民進黨二〇〇〇年執政之後，最忽略、最不感興趣的，如此而使得這群人和陳水扁政權之間，長期存在著一定程度的緊張。

四、拯救青春時代曾有過的理想

站出來連署要求阿扁下台的「親綠學者」，其主力正是思想路線的學運世代人士。用「親綠」的標籤，其實是滿對不起這群人的，因爲「親綠」不是他們眞正的共通點，「親綠」更不該被視爲他們最核心的發言位置。他們不是長老教會，不是北南東社，也不是政治立場上支持民進黨的鬆散學者聯盟，像過去的「台教會」。他們之間存在著一組台灣政治經驗認同，以及由這組經驗而來的知識立場。他們是中間偏左，從台灣自由主義傳統及後來「新左」理論衝撞下產生的社會科學專業人士。

與其說他們支持民進黨，不如說從情感與經驗上，他們無論如何不能信任國民黨、接近國民黨。他們不是要拯救今天的民進黨，而是要拯救自己青春年少曾經投注時間心血的那套思想信念。

這群人發聲批判，會受到如此重視，老實說媒體的選擇、處理，也占了很大的成分。媒體爲什麼把他們的消息以最醒目地位發布？兩種原因、兩種動機在此匯流。一種是對陳水扁及民進黨深惡痛絕，於是多麼樂於看到有「屬於」綠色那邊的人，也跳出來打扁。他們在意的是藉這群人的行動塑造「全民倒扁」（不祇是「泛藍倒扁」）的氣氛。不過有另外一種媒體人，也在中間發揮了作用。那就是曾經在生命路途上和那波思想運動交錯互染的人，目前在媒體上有了足夠的決定權，他們用新聞判斷，和這群學者一樣，向自己過往的理想主義致意。

祇可惜，即使有這樣的媒體主管當家的新聞機構，受到台灣庸俗濫俗的新聞框架限制，都鮮少願意、能夠交代清楚這些人眞正的生命情調，讓他們始終被一張不相襯、尺寸不合的「親綠」面具罩蓋著，也減損了他們與台灣學運歷史精神，還有知識分子自由主義立場，相續互彰的意義。

思想路線的苦行者，還要靠更努力的學習、更努力的思考，說服這個社會了解他們不那麼單純的意志、願景。

6

困境中逼出來的
姊姊妹妹參與

一、「倒扁」的性別政治

爲什麼在「倒扁」的紅衫群衆中，會有那麼高比例的女性參與？媒體，尤其是電子媒體，刻意捕捉「辣妹」、凸顯年輕女子在群衆中的身影，誇大了這個年齡層的代表性。雖然無法有精確的統計，不過綜合長期深度現場觀察的資料，我們應該可以有把握地說：「紅衫軍」裡有著大量過去沒在街頭出現，甚至過去不曾熱情關注、參與政治活動的女性，而且「紅衫女」的年齡分布，廣泛得驚人。從高中、大學生，到二十多歲年輕都會上班族，到中老年，都有。

也就是說，「紅衫軍」裡沒有明確的年齡層分別，但卻清楚展現了性別現象。有超乎常態——過去政治運動經驗累積出的常態，以及過去政治邏輯所推演出的街頭運動預期常態——的大量女性，加入在這次「倒扁」的行動中。

我們不能忽略這個現象，就像我們不能忽略「倒扁」活動與「挺扁」活動之間，存在著南北地域差異，以及階級差異。並不是說，「倒扁」行動是個女性行動，事實上，「倒扁」過程中根本沒有出現任何性別訴求，也沒有女性議題攙夾其中，然而我們應該問，必須要問：爲什麼會有這麼多超乎預期的「姊姊妹妹」站出來？我們更該問，更需要問：這麼多「姊姊妹妹」走上街頭，將帶來什麼樣的政治、社會衝擊嗎？

有一項歷史條件，絕對在現象背後扮演重要角色。那就是黨外到民進黨，這股政治勢力，始終帶著強烈的男性形象，甚至是男性沙文形象。

歷史事實是：黨外到民進黨的政治反對運動中，女性參與率非常非常低。反對運動內在的冒險性、英雄性、草根性，都和台灣女性的基本價值、角色，有所抵觸。儘管從黨外到民進黨，不乏傑出女性躋身領導群中，然而整體來看，民進黨的基本群衆，熱情支持者，一直是以草根性男性占最大數量比例的。

民進黨的發展，長期呈現不穩定的兩極性。一邊是中下層、充滿對國民黨情緒性憤怒的民衆；一邊是最菁英的醫生、律師、高等知識分子。兩極性支持結構，之所以不穩定，就在於缺乏中產階級的力量。菁英層基於理念、底層基於情緒，匯積成民進黨的力量；然而同時，國民黨就以號召中產階級安定保守心態，來醜化、抵制民進黨。

民進黨別無選擇，不管走街頭或選舉的路線，他們不得不依賴中下層群衆來累積力量。尤其在國民黨長期控制教育與媒體的情況下，民進黨勢必要到最不易受到教育與媒體影響的地帶，去宣傳其反抗訊息。於是，他們的支持者裡當然就出現了大批教育體制、社會訊息主流以外的邊緣者。

做為政治動員對象，這群人最大的長處，是不像中產階級那麼馴服，那麼輕易相信國民黨的宣傳。不過這樣一群人，他們同時也就不容易接受到現代進步觀念的洗禮，政治意念上的反抗性，經常弔詭地與最封閉最保守的社會價值觀念，同時並存。

二、與「進步」脫節的「民主進步黨」

好多個不同的價值，勉強拼湊並容在民進黨這個政治軀殼裡，其中最大最重要的集體公約數，其實既不是「民主」，更不是「進步」，而是「反國民黨」。所有討厭國民黨，不願繼續忍受國民黨長期執政的人，統統聚攏到民進黨的旗幟下。有一部分的人相信打倒國民黨才能建立民主，一部分的人相信打倒國民黨才能帶來進步性的社會正義。不過讓我們別忽略：還有很多人其實不在意民主、不在意進步，他們要的，就是「打倒國民黨」，如此明白簡單的一件事而已。

民進黨的支持者，九成以上都是反國民黨的，然而絕對沒有人敢說，民進黨的支持者有同樣的高比例，是追求民主、信仰民主的。更不會有人敢說，民進黨的支持者，有多高比例是因進步價値，才投靠過來的。

現實狀況是，爲了累積「打倒國民黨」的機會，民進黨習慣性地使用非進步性的語言，給自己塗上了非進步性、甚至反進步性的色彩。

在與國民黨進行權力鬥爭的同時，民進黨卻在進步性議題上，逐漸脫節。其中脫節最嚴重的，正就是女性主權與女性意識的變化上。

民進黨從反對黨變成執政黨的這二十年，剛好也是台灣女性社會力量快速漲升，進而量變帶來質變的時期。戰後國民教育的成果，使得女性擺脫了過去無償或低廉勞動者的身分，找到了新的職場切入點。

台灣經濟在這二十年中見證了「第三部門」的快速膨脹，大量辦公室與服務性工作湧現。於是女性大批進入職場，塡補了位子。相對地，原本生產線上的勞動力角色——曾經參與創造台灣經濟奇蹟的「作業女工」——卻隨著台灣傳統製造業大幅外移而消失了。

在高科技研發與企業創業兩大範圍，男性在這個社會依然壟斷了主要的機會與資源，女性不容易打入。最底層的勞動工作，又隨著紡織與電子加工業榮景不再，而沒有了女性可以參與的空間。一上一下兩邊大門對女性關閉，必然產生的效應就是——女性就業的高度中產化。

二十年內，女性更進一步從家庭裡游離開，融入到職場裡。她們取得了經濟財務的相對獨立權，她們延遲結婚、育兒的年齡，顯著地改造了台灣社會的婚姻常態，她們甚至改變改造了台灣職場的根本面貌。

差不多十年前，《EQ》突然風行大賣，而且從此「EQ」成爲台灣社會主流語彙。爲什麼會強調「EQ」的重要性？其中的一個關鍵因素就在：女性大批進入職場，改變了職場的人際結構；硬邦邦的工作流程、不尊重感覺情緒的互動方式，不再能夠符合企業效率目標了。

就在女性現象巨幅改造台灣時，民進黨雖然意識到女性選票的重要，卻無力改變自己在兩性關係上的基本形象。雖然陳水扁一九九四年市長選舉開啓其端，注重爭取婦女支持，不過整體來說，民進黨一般場合所使用的語言、所創造的氣氛，以及在檯面上的民進黨政治人物，尤其是地方型民意代表，一直都是高度男性，乃至男性沙文的。民進黨自我標榜的「本土」、「草根」，很不幸地，必然夾帶大量封閉保守，傳統帶有性別歧視意味的語言與觀念。一個講得出「LP」字眼，來對「鄉親」解釋外交事務的外交部長，其性別意識怎麼樣也吸引不了女性認可吧？

換句話說，民進黨的支持者、民進黨的群衆場，一直是如此的「草根」、「本土」，帶著所有「草根」、「本土」的一切男性沙文中心毛病。這樣一個政黨，很難眞正得到女性認同。

三、強烈表達厭棄政治來介入政治

或許有人會說：台灣的政治語言，不分黨派，本來就是男性的、粗暴的；國民黨的「本土」民代，沒有比民進黨的斯文到哪裡去。然而，我們不能忽略國民黨與民進黨之間的幾項基本差異。國民黨講的，是一套陳腐、制式的語言，這套語言有著過去教育力量的幫助，儘管空洞、無聊，卻總在社會上被視為是比較「文明」的語言。還有，國民黨嚴重缺乏群衆能量，也就創造不出那種群衆場的集體形象。在性別形象上，和其他形象一樣，國民黨毋寧是模糊的。當然，我們不能忽略：國民黨有個深諳女性式表達風格的明星——馬英九，馬英九對女性的親和性，很容易便掩蓋過了國民黨在性別議題上的模糊與無能。

政治基本上仍然是個男性中心的領域，然而這幾年的發展，女性進入公共空間後，卻也使得女性與政治之間的絕緣狀況，不可能再維持下去。女性勢必要跟政治有所交集，可是政治上的男性化氣氛，又讓女性無法輕易進入，於是就發展出了一種特殊的「女性政治」——女性以厭棄政治，具體且深刻地表達對政治的反感，來介入政治、參與政治。

這其實是台灣政治一股關鍵、卻不容易看見的新興力量。表面上，女性依舊和政治保持距離；然而細察之下，我們必須承認，保持距離的方式，卻已大大改變了。女性不再是對政治陌生、無知、事不關己，所以與政治兩不相涉；女性普遍地抱持著對政治的警戒態度，不輕易認可、更不輕易認同。

我們可以稱之為「負面介入」或「負面參與」。「負面介入」不等於過去的不介入、不參與。「負面介入」累積著對整體政治風格的反對與反抗能量。「負面介入」的背後，必然有著女性與男性不同的道德思考，毫無疑問。

男性接觸的公共文化，尤其與金錢與權力有關，幾乎毫無例外以妥協交換爲其遊戲規則前提。在男性的金錢、權力領域裡，「喬事情」是天經地義一般活動的中心，於是男性很難不對「喬事情」的相關問題，抱持一種犬儒、虛無的態度。他們的根本心態是：政治本來就是這麼回事，難道我們要天眞地以爲政治會多麼乾淨、純潔嗎？

女性公共意識裡，沒有那麼強烈的犬儒前提。她們保留了相對天眞的道德思考——這事對不對？而不是這事本來就如此。這兩種態度最大差異在：後者祇會引來無奈嘲諷，前者卻會激發出義憤來。

民進黨本來就很沒「女人緣」，跟這波女性公共力量興起的潮流嚴重脫節，現在執政當局又爆發出如此嚴重的貪腐事蹟，於是就點燃了積儲已久的「負面介入」能量了。

我們可以這樣斷言：今天任何正面的政治主張，不管哪個政黨提出的，從台灣獨立到三通，都不可能得到那麼熱烈的女性參與反應。那麼多「紅衫女」姊姊妹妹上街頭，因爲這個訴求號召是負面的——打倒一個貪腐的總統，背後行動的是女性「負面介入」中，長期對台灣政治風格的不滿，陳水扁成了台灣政治風格的總代表、總目標。

我們也可以這樣斷言：如果這次活動針對的是國民黨及其領導人，也不會有那麼熱烈的女性參與反應。因爲國民黨沒有像民進黨那樣，一再以其群衆場氣氛，以其草根本土的粗糙語言，撩撥挑釁都會女性的神經。

四、「流行動員」與「互依安全感」

還有，我們應該討論女性群衆的動員力量與動員方式。這次「紅衫軍」有著再清楚不過的新鮮動員模式——流行動員。這不見得是「倒扁總部」的刻意安排，也跟部分廣告創意人參與策劃沒有直接關係，毋寧是局勢逼迫下誤打誤撞的效果。關鍵因素在：從施明德發表公開信，到眞正開始進行靜坐，這中間漫長的日子。

「一百元承諾金」快速累積，確證了「倒扁」情緒的強度，也確證了施明德具備的特殊「倒扁」合法性。不過來得太快的反應，加上施明德自己太絕對的目標——「一坐下去就不會起來，除非阿扁下台」——產生了行動的時間落差。於是相應產生了一段焦慮的等待期，情緒已經發動，現實行爲卻遲遲未來。

這段焦慮期待，誤打誤撞符合了「流行動員」的社會條件。越來越多人理解並相信：「倒扁」絕不寂寞，而且「倒扁」可以在都會環境裡，帶給自己明確的身分態度，這種身分態度非但不會帶來離群的危險，甚至還倒過來會吸引來「同群」的安全感。

這種能夠隸屬於明顯「大群」的安全感，在今日的社會條件下，毋寧是難能可貴的。日益零碎化的都市生活，爆炸性的資訊分化，在在使得每個人的存在「原子化」。現在的人，甚至很難找到大家共同都看的電視節目了，更遑論其他。

「大群」隸屬感的追求，是推動「流行動員」最大的力量，「王建民」組構了一個難得的台灣「大群」，「倒扁」在同一時間組構了另一個重要「大群」。在「九九靜坐」正式展開前，迫切藉「倒扁」來創建「大群」安全感的社會客觀心理，已然成形。

「大群」安全感，當然和女性意識、女性存在樣態，密切相關。靜坐正式展開，尤其是「九一五」的遊行活動中，我們清楚看到這項負面的政治運動，對女性產生的最大吸引力。

那是個陌生人彼此善意對待，而且衷心努力彼此關懷的溫情空間。空間內部的氣氛，與其外在政治反對嚴厲訴求，形成強烈對比。許多姊姊妹妹不祇呼朋引伴，而且在運動現場，隨時準備慷慨地遞出雨衣、毛巾、水與零食，給身邊既陌生卻又在主觀意念中，極爲親近熟悉的運動參與者。

那種內部氣氛，最接近女性主義者所說的「互依」（Co-dependency）情境。女人不像男人那麼高度強調「獨立」與「競爭」，也沒有男人般敏銳的權力感。對女性而言，最重要的生命價值之一，正是被男性文化視爲弱者象徵的「依賴」，生命因有人可以依賴，同時可以被人依賴，才有意義。

「倒扁」群衆場，創造了「互依」的情調，讓姊姊妹妹可以在其間感受不孤獨的安全。而越多女性加入其中，也就使得活動當場的「互依」感受更強烈，反過來吸引了更多女性願意參加，也更讓「倒扁」成爲突出的都會流行活動。

姊姊妹妹站出來，絕對不會緣由於單一因素。而姊姊妹妹已經站出來的事實，當然也不會衹有單一的政治、社會效應。值得注意觀察分析的，是這股「負面介入」風潮，是否足以眞正改變目前的主流政治風格？「負面介入」有可能轉成正面的改革壓力，要求台灣政治放棄過去陽剛、男性、粗暴、犬儒的基本假設；不過「負面介入」也有可能進一步帶著女性集體從政治冷漠出走，對政治與政治行爲更加疏離。

「負面介入」的力量，很難立即轉化爲正面的一致主張，這是爲什麼「紅衫軍」要化身成爲「第三勢力」、「新政黨」，機會渺茫的根本理由。而且「流行動員」也有其內在隱憂，那就是政治事務必須與其他衆多流行力量，共同爭逐注意力。最終決定政治能量有多大的，除了政治議題本身強度外，還將受制於其他領域創造流行風潮的偶然變數。

別輕忽「姊姊妹妹站出來」的現象，這是個眞實的現象，一個既有社會分析觀念找不到現成理解的現象，一個有待我們從不同角度持續探測認知的現象。

7

困境中逼出來的
人民主權思考

一、國民黨的精神分裂

一九五六年，哈佛大學教授Carl Friedrich和他的年輕學生布里辛斯基（Zbigniew Brezezinski）合寫了一本書，叫《集權暴政與專政》（*Totalitarian Dictatorship and Autocracy*），書中提出了檢驗「集權暴政」的六項標準——不容挑戰懷疑的官方意識型態、單一政黨、中央管控的經濟、執政黨控制大衆傳播媒體、政黨控制軍隊、祕密警察的存在。

這本書，當時曾經發生過很大的影響力，成爲討論「集權」的重要基礎。布里辛斯基藉此暴得大名，後來在政學兩界一帆風順，終於幹到美國國家安全顧問的崇高職位。這本書在美國、在西方重要，不過卻難在台灣找到。理由很簡單，兩位作者提出來的六條標準太清楚太明確，拿這六條標準一一檢驗，我的老天，國民黨在台灣建構的統治，不折不扣是「集權暴政」。

扣掉完全沒有任何作用，只有名義上存在的青年黨、民社黨，台灣政治界只有、只准有國民黨一個政黨。藉由國營事業鋪下的天羅地網，尤其是透過黨營國營壟斷的金融機構，國民黨得以充分掌握台灣經濟。從報紙到廣播到電視，媒體眞正的老闆，眞正發號施令的，只有國民黨政府。軍隊更不用說了，政戰系統，是毫不掩飾的政黨代表，沒有國民黨身分的軍人，在軍事系統中沒有一點前途，也得不到基本的信任。至於祕密警察呢？從調查局、情報局，到更大更可怕的警備總部，統統都擁有監控、恐嚇人民的祕密警察功能。

還有，透過教育灌輸，再透過媒體管控的意識型態。生活中充滿「讀訓」場合，「三民主義」列入各級考試項目，不能熟記標準答案，立即且直接地影響升學與就業的條件，也就是說，國家不只有權利有能力管控人民的行爲，還有權力有能力，用各種方式管控人民的思想。

這是不折不扣的「集權暴政」，然而，這卻也是國民黨在台灣統治上，最大、最需要悉心保守的祕密。

除了用「集權」的方式，國民黨沒有把握可以統治台灣，一方面沒有把握能夠控制社會不被中國共產黨滲透，另一方面，沒有把握能讓島上許多受了日本長期統治的民眾接受管轄。然而，用了「集權」的手法，國民黨卻無論如何不能承認自己的「集權性」。

歷史條件使然，國民黨靠著一九五〇年韓戰爆發，美援到來，才得以在台灣站穩腳步。國民黨從大陸運來的有限黃金，根本不足以救治動亂中多次瀕臨崩潰的台灣貨幣秩序，就算中共沒有渡海，光是惡性通貨膨脹就快將國民黨打垮了。還好有韓戰，美國不得不在戰略上將防守線劃到台灣海峽，不得不以軍事與經濟的資源救濟台灣。

而國民黨付出的代價是——從此被編入了冷戰世界秩序裡的「美國集

團」，除了必須聽從美國指導外，還需要應和美國集團的價值要求。面對蘇聯，美國集團的核心價值是——自由、民主。美國集團存在的價值理由（而非現實理由），是以自由對抗蘇聯的控制，以民主對抗蘇聯的集權專政。

二、缺乏「論述大漲潮」的民主運動

如此一來，開始了台灣長達數十年，精神分裂壓力的累積。精神分裂壓力來自自我身分的矛盾。國民黨從來沒有辦法合法化自己的統治機制。中國共產黨靠毛澤東的「人民民主專政」說法，建構實質的極權統治；國民黨卻在美國的監視下，甚至沒有辦法發展一套解釋、辯護集權制度的修辭。

數十年間，國民黨表面用的都是美式民主的概念，骨子裡的每一個統治手段，卻都是抄襲自蘇維埃革命以及三〇年代法西斯政權的。這兩者間，存在著巨大的鴻溝，非但無法弭平，甚至沒有可以嘗試去發展整合兩者的論述的空間。

兩邊壓力都不是國民黨可以自主處理的。一邊是台灣歷史條件造成的統治困境，一邊是美國老大哥基於集團意識型態強加的要求。國民黨只能在如此夾縫中，別無選擇地做一個宣揚民主自由口號的集權政體。

這是純然的裂解。《集權專政與暴政》這樣的書，清楚凸顯出國民黨的尷尬。美國政治學者寫的書，用意在分判「集權」與「民主」的界線，結果依照書中毫不曖昧的標準看，國民黨怎麼看都是「集權暴政」。但，「集權暴政」明明是國民黨拿來痛罵中共，並依此建立起「仇共理念」的核心關鍵字啊！

國民黨無論如何，沒辦法在這中間找到一套合邏輯的說法，於是，國民黨只能帶著整個社會，用破壞邏輯、扭曲邏輯的方式，來賦予自己統治合法性。

這樣講應該不誇張——國民黨的統治，必須以邏輯裂解做爲前提，爲了讓國民黨統治不被懷疑，種種措施都在破壞台灣集體思考的邏輯一致性，缺乏邏輯一致性成了台灣最大的「精神官能症」壓力來源。

台灣民主化，是在這樣的「精神官能症」背景下進行的。我們可以簡單地假想——如果國民黨在台灣，就像他們在中國大陸一樣，表裡合一地做一個法西斯集權政黨，高度凸顯國家與領袖的重要性，進而合理化藉國家力量來發展經濟、並壟斷分配機制的作法，絕口不提不理什麼民主不民主的，那麼，「民主」在台灣會變成一個清楚對抗性的符號，而且，任何想要以「民主」之名來對抗國民黨的人，就必然擔負著賦予民主意義的責任。他要去尋索，那到底什麼叫做民主，民主的理念是什麼，民主的實質內涵又會是什麼；他還要在一個沒有民主語彙的環境中，掙扎地創造出一套可以訴說民主的語言。

台灣民主運動的歷史中，很多人注意到一個現象。黨外運動鬧得轟轟烈烈，然而一直到「民主變天」，從黨外到民進黨的民主論述，幾乎從來不曾超越五〇年代《自由中國》的範圍與層次。跟別人的民主運動，例如波蘭的團結工聯，或拉丁美洲前仆後繼的左翼運動相比，台灣遲遲沒有經歷「民主論述大漲潮」，不，或許該修正這樣說，台灣的「民主論述大漲潮」，來得太早，完全缺乏民主的社會條件之前，「論述大漲潮」就來了。

以《自由中國》爲核心的「論述大漲潮」，依賴的當然是「美國東風」。《自由中國》敢講那麼多民主自由的話，說穿了，就是看準蔣介石不能公開鎮壓民主言論，給美國老大哥難堪，畢竟，那個風雨飄搖的時代，國民黨政權還是靠美國的經濟援助和第七艦隊才能維持下去的。

《自由中國》被收拾後，加速了國民黨對「民主」的精神錯亂。國民黨被迫在正式官方語言中放入更多的「民主」，除了應付來自美國的壓力之外，還有了新原因，不能重蹈《自由中國》的覆轍，讓「民主」被對國民黨不友善的人士搶走。已經包山包海的國民黨，還得多增加一項壟斷——壟斷對民主的說法與詮釋。

三、缺乏法哲學根柢的民主思考

黨外民主運動的興起，其中一項重要策略，就是——用國民黨自己講的「民主」打國民黨。黨外運動跟地方選舉關係密切，而地方選舉又是國民黨爲了保有民主招牌，不得不有的妥協舉措。然而如此一來，就讓黨外人士有了可以藉地方選舉宣傳種種對國民黨不便不利的說法的機會。

這樣的策略下，黨外的民主理論，不會也不需深刻到哪裡去。反正國民黨有現成的民主門面說法，黨外拿來要求國民黨落實就可以了。

沒有「民主論述大漲潮」與民主運動同時進行，也沒有掙扎理解民主、說明民主的過程，給台灣後來的民主歷史，帶來了嚴重後遺症。

一項嚴重後遺症是，台灣的民主一直沒有追根究底，沒有和西方民主誕生的哲學基礎掛上鉤。前面提到的邏輯扭曲，當然也扮演了重要角色。原本依照嚴格邏輯推斷，一定要問的許多基本問題——權利與權力從何而來，兩者間產生何種衝突，如何安排等等——就都沒有問下去，讓民主停留在「人民作主」望文生義的階段。

民主就是「人民作主」，如此簡單的號召，在威權架構下，夠可以凝聚反抗能量。因為那樣的社會，國家、政府、執政黨，明顯管很多、管太多，人民想要能夠作主的事，多得很。

但是，眞正的民主社會，就不能祇是「人民作主」。民主是一套極為複雜的權力與權利安排，中間必然產生許多矛盾，非得從原理與邏輯出發，一一釐清、一一解決。

民主要能運作，一定要回溯到法哲學。什麼是法哲學？就是訂定遊戲規則的規則。要讓每個人都享有充分權力，而不是只有國王、只有少數人能享有充分權力，遊戲規則之重要，不言而喻。集權制度下，沒什麼實定規則，反正統治者講了算數。統治者這次講的和上次講的彼此矛盾，也沒人拿他有辦法。然而民主社會不能這樣，牽涉那麼多人，一樁樁一件件都要先講清楚，沒辦法事先訂定清楚的，怎麼辦？有賴於一套合乎邏輯，具備一致精神的法哲學爲其後盾。

前面提到的歷史背景，使得國民黨控制下的教育，不願也無能教會國民，清晰的邏輯思考。尤其是關於法律的邏輯思考，更是被嚴格看管，排除在教育範圍之外。台灣有法律，當然，不過卻沒有法律的思考者。威權統治者視法律爲統治工具，想的只有怎樣的法律規範，最能夠解決統治上遭遇的問題。社會上有什麼樣的脫序可能，威權統治就決定去訂怎樣的法律來防堵。

在那個時代，立法院被譏稱爲行政院立法局，是統治者的橡皮圖章，最關鍵的問題，就在於立法院完全不能行使立法的思考與討論權。爲什麼要訂這樣的法？這樣的法與那樣的法彼此之間會不會形成矛盾？法做爲手段與其目的之間的關係是什麼？達成同樣的目的，有沒有別的立法可能性？法律可能產生的社會後遺症是什麼？這些，本來是立法院職務一部分的思考與討論問題，在那個時代的台灣立法院，卻是稀貨。

沒有思考與討論空間，那麼法律也就很自然地成爲一套技術。台灣的大學法律系，長期教的，不是法律本身，而是運用法律法條的技術。很多法律系，幾十年沒有專門研究法哲學的教授，學生更不可能認眞去上法哲學，壓根想都沒想過法哲學和他們背的各種法條有什麼關係。

純粹從技術面來學法律，必然學出一種風格來，那就是格外注意重視法條之間的漏洞，抱著「見獵心喜」的態度，仔細檢查所有的法律漏洞。發現了法律漏洞，絕對不是要想出方法來，彌補漏洞，而是準備著，要讓這些漏洞成爲自己打官司時可以援用的利器。

這套教育教出來的學生，不是「法律人」，而是「律師」。他們從來不會由完整的法律觀點去看法律，他們與法律的關係間，一定有兩項中介，第一、他們一定代表某一方，第二、他們一定要贏。法律，就是要有輸贏的。

台灣的政治反對運動，怎麼會有那麼多律師投身其間？固然有歷史偶然的因素，卻也還有教育養成的必然因素。「美麗島」事件雖然發生在一九七九年年底，不過眞正讓「美麗島事件」擁有巨大民主歷史意義的，實在是次年年初「軍法大審」帶來的結果。在美國強大壓力下，蔣經國決定以公開審判的方式，處理「美麗島」反對者，而就在軍法大審期間，又發生了駭人聽聞的「林宅血案」，使得台灣人想要忽視大審都不可能。

大審的結果，是給了黨外民主意見，有了一個陳述的舞台，也讓參與其中的辯護律師，成了家喻戶曉的名人。「軍法大審」當然是律師參政的重要歷史條件。

律師最專長的，就是找出法條漏洞，用暴露法條漏洞的方式，從中取得好處。律師的訓練養成，又保障了這群人各個好鬥，永遠用零合遊戲的競爭概念，看待一切。這就是我說的教育養成必然因素。

律師們給民主運動帶來了強大的競爭活力，而且將國民黨的統治說詞翻來覆去，找出其中的矛盾，進而以其矛盾爲由，要求權力，又正是律師們的當行本事。「辯護律師派」的崛起，毋寧是自然的。

不過，當年大大有助於反國民黨運動的「辯護律師派」，卻在國民黨垮台，民進黨意外執政後，成爲台灣政治運作上最大的困擾。

心中完全沒有法哲學，沒有高度法的關照，只知道對法的漏洞「見獵心喜」的人，不會有興趣、更不會花力氣去整合法律，去彌補法律的殘缺，他們只會本能地將法律挪爲己用，本能地試圖從法律之中，榨取出最多對自己有利、對敵人不利的資源。

四、民進黨的「統治者」幻覺

這就牽涉到了一般觀察評論中反覆說的：「民進黨沒有轉型成爲執政黨」，也牽涉到了陳傳興寫的《道德不能罷免》書中論述的幾個核心觀念——「法之不法」、「延遲交付」，以及「竊據主權」。

中華民國憲法中，明白要求總統就職時必須宣讀誓詞，誓詞最後是：「若有違背誓言，願受國家嚴厲制裁。」

這一句簡單的話，原先舊的版本是「願受『國法』嚴厲制裁」，後來修憲過程中，才改成今天的模樣。

爲什麼要改？最淺層，一看就懂的理由：原來的誓詞，是廢話，破壞了宣誓應有的莊嚴意義。

如果總統的行爲觸犯了國家法律規定，他當然要「接受國法制裁」。事實上，根本無關他接不接受，國法必定要追著懲罰他，不然國法就不成其爲「法律之前，人人平等」的國法了。

受不受國法制裁，無關擔任總統的人的主觀意志，那他宣誓什麼？那樣的宣誓要有意義，祇能建立在一個非法非民主的假定上：總統，因爲其權力位階，本來可以高於國法的，所以做總統的，才要紆尊降貴宣誓表示放棄高於法律的地位，願意還是在「國法」管轄範圍內。

這樣的前提條件，當然是荒謬的，誓詞當然應該要改。然而，由「國法」改成「國家」，這一字之差，卻大大改變了憲法對於總統政治責任的假設。

「國家」是什麼？「國家制裁」意謂著什麼？對照原先的「國法制裁」，這裡的「國家制裁」勢必祇能有高於法律的意義，或者更精確地說：高於「實定法」的意義。

除了原本就會由「國法制裁」的部分，憲法誓詞顯示：總統行爲還要受高於「國法」的抽象「國家」所管轄。總統必須向這抽象、原則性的「國家」負責，不祇是負法律責任而已。

低一層說，這講的就是總統的「政治責任」；高一層說，這指的是總統必須永遠臣服於代表國家的人民主權監督，而人民主權的監督範圍，比國法寬廣。

我們可以再引伸：總統是由「國家」——人民主權——託付，執行行政權的治理者，所以他在任上的行爲作爲，隨時都要回歸受到「國家」——人民主權的監督，當然，如果他的行爲踰矩，「國家」也就有權對他即使不致犯法的部分，追究責任與施予懲罰。

這是陳水扁總統在二〇〇〇年、二〇〇四年兩度依憲宣誓的實質內容。透過宣誓儀式，他公開接受做爲「治理者」的角色，接受付託，代理人民主權執行行政權。

讓我引用一段陳傳興在《道德不能罷免》書中的觀察：

「（民進黨）政府……將原本是一種受託執行行政權的法定代理人的這項定義特質，錯誤地看待成是權利──權力物所有權之轉讓，甚至由此而產生想據有主權的幻想；踰越了社會契約的根本精神（『主權不能讓渡』）導致政府原本的中介位置與角色功能（『介於人民和主權體間的中介體，使二者互相溝通負著實施法律及維持自由──政治的自由和社會的自由──的責任。』），欲求從治理者這種法定責任與義務的承擔者，轉換成統治者……法理系統被政治範疇所取代。」

陳傳興所分析的「治理者」與「統治者」區別，可以用最近「倒扁」活動到南部民進黨縣市辦活動遭遇的困難，來做說明。集會遊行是人民的權利，不可被剝奪的權利，然而因爲不同意見的人在要求行使集會遊行權利時，與其他人其他權利，可能產生衝突，因而才需要有行政權代理者（治理者），來居間協調維護保障最多人最大權利。治理者不能拒絕、阻止人民行使集會遊行權利，因爲那權利不是他們核准賦予的。

部分民進黨縣市長充分暴露了陳傳興所批判的「統治者」角色驕態。他們誤以爲自己眞的可以決定給誰遊行、不給誰遊行，以爲自己身分地位高於申請集會遊行的人。錯了，大錯特錯，集會遊行申請，絕對不是向統治者陳情乞討集會遊行權利，而是向中介管理者報備，看在權利行使中會不會觸犯傷害別人的權利，如此而已。

五、執政者成爲法的最大破壞者

民進黨政府的「統治者」幻覺，還更嚴重反映在多少年對於政績不佳一事所提出的習慣性辯護說法。依照陳水扁與民進黨的辯解，執政成績不好，是因爲國民黨在立法院掣肘，是文官體制隱性扯後腿。還有台灣憲法不完備、司法制度不完備，以及其他種種系統性的不完備。

也就是說：民進黨主張自己到現在爲止，沒有眞正擁有「完整」的執政權，所以做不出該做的事。「因爲你們沒有先把『完整』的執政權給我們，我們當然無法履行原本的執政承諾嘍！」民進黨及陳水扁多次如此無辜喊冤。

再用陳傳興在《道德不能罷免》書中的話說：「台灣當前的政治危機多少和這個想像的『延遲交付』、契約行爲懸置有關，接受（權力）者不斷地自行強制重複導入創傷記憶時間去擴張、撕裂允諾與接受的幻想時間裂縫，造成契約標的物——政府、法治權等淪爲無主的虛無狀態，進行非法掠奪占有無主物，混淆無法辨識、分清『對人權』與『對物權』的區別。」

解釋陳傳興這段話，至少有兩項重點浮上來：

第一、陳水扁及民進黨所想像、所要求的「完整」執政權，根本不存在，或說不該存在。那樣一種權力，整個政府如臂使指，立法院沒有反對拉扯，對不起，不可能是民主的「治理權」。民主的「治理權」，本來就是有限的權力。在衆聲喧譁、各有利益的社會狀況下，將行政代理權交給一個人一個政黨，讓他總綰異聲、協調衝突利益，將行政權做最好的處理，而絕對不是要把行政權交給陳水扁與民進黨，讓他們去遂行自我意志。

陳水扁及民進黨用來自我解釋的藉口，假設了政府應該取得充分遂行自我意志的權力，他們才願意爲政府的行爲與不行爲負責，這是多麼可怕的想法！

天底下又哪有那麼便宜的事！

第二、陳水扁及民進黨以不接受執政責任出發，然而實質上卻繼續握有、並使用行政治理權，在過程中，他們就想出種種說法，誇張、擴大「延遲交付」的假象。明明權力已經到手，卻不斷強調國民黨過去種種、共產黨過去種種，甚至進而以媒體爲主要敵人，無非都是爲了指向「執政權匱乏」。

結果形成奇特的現象，握有執政權的人不相信、不接受自身的政治體制。這正是陳水扁一路「當家鬧事」的心理基礎。民主已經將權力交在他手中，他卻以這份權力否定監督執政權的一切規範，讓應該與民主同時發生的「法治」，嚴重遲到。於是，從民主中取得的執政權，就成了陳傳興說的「無主物」，成了有權可用、卻無法可管的大怪物！

再用鬧得風風雨雨的「國務機要費」做例證說明吧！明明白白，民主選票將陳水扁送進總統府，他就有了使用國務機要費的權力。那每一塊錢、每一分錢，都是眞的。然而六年來陳水扁卻認定自己沒有承襲接受任何管理國務機要費的辦法，於是國務機要費要用的時候，它是確確實實的；換成要管的時候，它就變成幻假飄渺的東西了。藉由延遲不管理、不訂定管理辦法；藉由反覆挪用國民黨時代陋習爲擋箭牌，幾千萬上億的國務機要費，就成了「無主物」可以任隨貪慾竊據了。

陳水扁和整個民進黨政府，深深陷在這種製造無主物、對無主物見獵心喜的態度中。他們一邊主張：惡法非法，國民黨威權下訂定的法規，我們沒有必要遵守——如果這些法規不利於他們的貪念的話。另一方面，他們當然就主張：惡法亦法，國民黨怎麼做，我們也就祇能怎麼做——如果這些做法有利於他們的貪念的話。

執政者成爲法的最大破壞者，而他們破壞法與立法精神，最大的利器，就是靠不斷游移於「惡法非法」與「惡法亦法」之間的詭辯。「惡法」的存在，也就是一個可以被他們怪罪的國民黨錯誤過去的存在，成爲他們最大、最不可或缺的方便。這樣的治理者，自然就不會致力於「與民更始」，自然就不會要努力袪除「惡法」，重訂「良法」。相反地，他們依附在「惡法」之上，透過「惡法」的中介，進行他們「竊據主權」的統治想像。

這是今天貪腐問題，最深刻的根源。因而，如果眞要處理貪腐問題，就非得處理陳水扁與民進黨政府自覺或不自覺棲息在「惡法矛盾」上的態度。

六、杜絕對於人民主權的竊佔

讓我用一個比喻來說明民進黨今天碰到的問題。例如小孩考試成績不好，你罵他：「這麼簡單的國語，成績怎麼這麼差？」小孩子就回房間拿起《拿破崙傳》，自己想：「我幹嘛要這麼在意國語成績，我眞正要做的是拿破崙，你把世界交給我，我就做給你看，你不給我整個世界，卻來計較我國語考得好不好！」其實，就是因爲他國語很爛，所以才幻想自己是拿破崙。

民進黨執政以來，挫折感很深，所以不得不一直膨脹自己，這是我對陳傳興所說「延遲交付」的解釋。民進黨一直覺得，你沒有給我我要的，如何要求我做到你要的？所以，他一直在等待。現實上，他不能否認他已經得到一些東西，得到了中央執政權，爲了要能說服自己，就只好一直膨脹他覺得自己應得而未得的東西，最後膨脹成——「我應該是統治者，但你沒有把統治權給我，所以我無法做事情！」這也就同時是陳傳興說的「竊據主權」的動機來源。

民進黨要解釋爲什麼拿不到統治權，所以就一直翻歷史的舊帳，抱怨國民黨沒有把統治權完整交給他，渾然忘了國民黨擁有的統治權，本來就是從台灣人民身上偷去的，正是爲了要取消國民黨威權，才有台灣民主運動，怎麼會當民主運動成功，民進黨卻預期應該得到已經被取消了的統治權力呢？並且以因爲沒得到國民黨享受的統治權，做爲自己執政成績不好的辯護？

更嚴重的，民進黨一邊翻歷史舊帳，一邊就說服自己相信——所有的法，先天上就都是「惡法」，這也就是陳傳興在書中提的台灣整體的「不法」，因爲所有「法」都不見了，在這樣的論述中，台灣沒有「法」了，而如果連「法」都沒有了，人民和治理者之間的契約關係，更無從存在了。

以陳傳興的書中看法，主權雖然不能被讓渡，但有時候是會被竊據的，如同在論理上，沒有任何人可以剝奪你的生命權，但你可能會被殺，就是被竊據了。

書中有一句話，非常關鍵，「主權就是立法權」，當你問說，什麼是人民主權，其實，立法權眞正的根本就在人民身上，主權就是立法權，人民擁有立法權，而人民委託給代理人去進行立法權的行使，再用代理的立法權，選出代理者和治理者。而何時爲「竊據主權」？如果代理者立起一個牆壁，說立法權，還有立法權相關的治理權，都在我手上，和你無關，就算你有不滿，也沒有權利干預，那麼人民原來的立法權就被取消。其實，人民交付委託出去，人民當然應該可以收回來的，收回立法權，或部分取消委託關係，正是政治自由最關鍵的一環，卻也是台灣過去受種種條件限制，而無法去思考去規劃的，最弱一環。今天，我們才開始要慢慢趨向去撿拾本來應該屬於我們的政治自由。前路迂曲，後路渺遠，只有靠智慧與堅持才能走下去。

楊照作品集 08

困境台灣——我們還能怎麼辦？

作　　者　楊　照
總 編 輯　初安民
責任編輯　施淑清
美術編輯　許秋山
校　　對　楊　照　施淑清

發 行 人　張書銘
出　　版　INK印刻出版有限公司
台北縣中和市中正路800號13樓之3
電話：02-22281626
傳真：02-22281598
e-mail:ink.book@msa.hinet.net
網址：舒讀網 http：//www.sudu.cc
法律顧問　林春金律師

總 經 銷　展智文化事業股份有限公司
電話：02-22533362．22535856
傳真：02-22518350
郵政劃撥　19000691 成陽出版股份有限公司
印　　刷　海王印刷事業股份有限公司

出版日期　2006年 12 月 初版
ISBN　978-986-7108-91-3
986-7108-91-4

定價　200元

國家圖書館出版品預行編目資料

困境台灣—— 我們還能怎麼辦？／
楊照 著.－－初版，－－臺北縣中和市：INK印刻，
2006〔民95〕面；　公分（楊照作品集；8）

ISBN 978-986-7108-91-3（平裝）

573.07　　95022922

INK INK INK INK INK INK
NK INK INK INK INK INK IN
INK INK INK INK INK INK
NK INK INK INK INK INK IN
INK INK INK INK INK INK
NK INK INK INK INK INK IN
INK INK INK INK INK INK
NK INK INK INK INK INK IN
INK INK INK INK INK INK
NK INK INK INK INK INK IN
INK INK INK INK INK INK
NK INK INK INK INK INK IN
INK INK INK INK INK INK
NK INK INK INK INK INK IN
INK INK INK INK INK INK
NK INK INK INK INK INK IN
INK INK INK INK INK INK
NK INK INK INK INK INK IN
INK INK INK INK INK INK
NK INK INK INK INK INK IN
INK INK INK INK INK INK
NK INK INK INK INK INK IN
INK INK INK INK INK INK
NK INK INK INK INK INK IN